"十二五"国家重点图书出版规划

中国古代名窑系列丛书

越窑

任世龙　谢纯龙/ 著

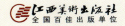

江西美术出版社
全国百佳出版单位

　　我国陶瓷历史悠久，古陶瓷深受世人青睐，国内外倾其毕生精力搜集、珍藏、探索和潜心研究者不乏其人。近几十年来，随着国家对文物研究和保护力度的加强，有关部门对一些历史名窑相继进行了一定程度的发掘与整理，所掘精品迭出不穷，弥补了古陶瓷鉴赏中历史资料之不足。一些古陶瓷研究与鉴赏中的难题，也随着第一手资料的获得，迎刃而解。不少文物专家、学者，穷其一生着力于一个窑口的探索与研究，也取得了令人瞩目之成果。

　　江西美术出版社从需求和可能出发，策划出版《中国古代名窑系列丛书》，以各窑系、窑口古瓷的鉴赏命题，约请各方专家著述，这对于系统介绍唐宋以来各名窑名瓷详情、弘扬传统文化，实为可贵。每部书稿资料翔实，论述周详，剖析精微，相形于时下众多泛泛而论的鉴赏之作，实为述而有纲，言而有物。垂注于古陶瓷的鉴赏者如能从一个窑系、窑口的研究出发，触类旁通，这也是古陶瓷鉴赏的一条门径。

　　《中国古代名窑系列丛书》补史料之缺，应大众之需。编撰者已经辛劳数年，今观新篇，欣慰之至，志此数言，是为序。

耿宝昌
于北京

目录

第一章　越州窑概述

（一） 越州窑的历史沿革

"陶至唐而盛，始有窑名。"
（《陶录》）

在唐玄宗、肃宗时期成书的《茶经》中，陆羽对当时的瓷器茶具的评价是："碗越州上，鼎州次，婺州次，岳州次，寿州、洪州次，或以邢州处越州上，殊为不然。"说明唐代存在以州命名瓷窑和瓷器品种的习惯，仅此段文献即提到7种瓷器品类，也透露出窑业称名习惯之普遍性。唐代诗文中屡屡被提及的"越瓯"、"越器"、"越瓷"、"越窑"等，不仅可以印证它们渊源于越州瓷器之代称，更反映出当时的流行之盛，并进一步说明"越州窑"已成为唐代独具特定含义之专门名称，而"越窑"即其简称或曰别名。

自20世纪80年代以来，由于瓷窑遗址考古调查的广泛深入开展，古陶瓷学界对"越窑"概念的界定上出现了歧义认识。1982年出版的《中国陶瓷史》作出了新的理论表述："这里（上虞、余姚、绍兴等地，原为古

代越人居住地）的陶瓷业自商周以来，都在不断地发展着。特别是东汉到宋的1000多年间，瓷器生产从未间断；规模不断扩大，制瓷技术不断提高，经历了创造、发展、繁盛和衰落几个大的阶段。产品风格虽因时代的不同而有所变化，但承前启后、一脉相承的关系十分清楚。所以绍兴、上虞等地的早期瓷窑与唐宋时期的越州窑是前后连贯的一个瓷窑体系，可以统称为'越窑'。"在这里，历史传统已久的"唐宋越州窑"被东汉至宋的"瓷窑体系"概念所置换。1994年出版的《中国陶瓷》一书，又在此基础上进一步申论"越窑烧瓷的历史悠久，可追溯到商代末年原始瓷"。于是，自唐宋以来明确所指的唐代越州辖区瓷窑，或是习惯直指余姚县上林湖青瓷之"越窑"，由于浙江上虞、绍兴等地早自东汉开始烧造青瓷，至六朝时期窑址密集分布于曹娥江流域并且无明显的中断，竟使"越窑是包括东汉上虞等地迄唐宋时代瓷业体系的总称"之说，成为时下空前流行的主张。新近出版的《越窑青瓷文

化史》认为，这样的称呼不仅概括性强，而且比较确切，对"越"的含义解释为首指古越民族聚居地，又指越国，三指越州，四与五代时钱氏建立之吴越国有所关联，"总之，由于上述四'越'贯串了浙东瓷器孕育、产生、发展和繁荣之全过程"。而说到越窑的时间范畴，该书却又称"主要指晚唐、五代、北宋这段时间"，颇让人费解。

浙江是青瓷的发祥地，在这片10万平方公里的广袤土地上，掩藏着中国瓷器最璀璨夺目的成就之一——青瓷的产生、发展以至衰落的历史。但是，这一史实的存在与对越窑制瓷历史渊源的探索，不能与瓷窑命名及窑口概念混同。

设若从中国陶瓷史的角度审视，作为越州窑青瓷生产的中心所在和越州窑瓷业遗存主体的上林湖窑址群落，被公认为唐代瓷业"南青北白"格局中与邢窑白瓷为两极端比照的一方代表，因而在中国陶瓷史上占有特殊的重要地位，具有承上启下、继往开来的历史意义。所谓"承上"，是指以上虞曹娥江流域早期青瓷窑业为代表的一种继承；所谓"启下"，则是指为浙江后期青瓷龙泉窑为代表的瓷业开启了先河，以往古陶瓷研究界曾表达的"缥瓷"——"峰翠"（秘色）——"粉青"，正是三种不同特征的青瓷文化演进的历史时序。若从浙江瓷业遗存分布的时间、空间关系的转移变换角度，依据目前所发现的考古资料看，钱塘江以北的东苕溪流域原始瓷遗存年代最早可达到商代以前，而钱塘江以南盛产原始瓷的萧

山、绍兴等地，至今尚未发现可明确断为西周时代者，主要为春秋战国时期的遗存。东汉至两晋时期，上虞曹娥江流域形成早期青瓷生产的历史高峰形态，乃至成为全国青瓷中心产地，但是紧随其后的却是该瓷业明显趋向衰落，所以南朝晚期至唐代初期，浙江青瓷处于低谷形态。此后则是唐代中期上林湖地区形成庞大的青瓷窑业产地，同时应当包括其周邻的白洋湖、杜湖、上岙湖、古银锭湖诸窑群，即唐人所称之"越州窑"中心产地。从唐代到北宋，在浙江青瓷窑业形成一个越窑时代，到南宋直至明清，代表浙江瓷业的则是地处浙南山区的龙泉窑，一个以瓯江上游地区为中心的窑业产地。

如果从瓷业文化内涵特征分析，则以上林湖地区为中心的越州窑青瓷，与以曹娥江流域为中心的浙江早期青瓷遗存及以瓯江上游地区为中心的后期青瓷龙泉窑，具有各自不同特质并与各自历史条件下的社会阶段相对应。它们虽然不乏联系，甚至可以说存在某种血缘的源流关系，但毕竟是浙江瓷业史上的三个不同瓷业文化。如若我们把古代瓷业的演进发展轨迹表述为古代制瓷技术和一定历史条件下地域关系的结合，那么，按习惯冠以种种地域称谓的诸瓷业文化，依其瓷业文化因素成分，可以描绘成多元、一体并具不同层次结构的开放性体系；分处于不同层次的瓷器制品类型，不仅是该系统的网络纽结所在，而且成为历代不同瓷业文化时空转换和相互连接的"中介"形态。正是瓷器制品类型的相继承传或其形态

特征的变异，演绎发展成中国古代陶瓷丰富多姿、流光溢彩的历史长河。

鉴于以上的认识，也照顾到人们已经习惯的约定俗成之传统，我们在本书的编写中主张按唐宋以来的传统，把唐代越州辖区的瓷窑遗址称为"越州窑"，而把此前的早期青瓷窑业另行命名为"先越窑"，又把考古发现的"低岭头类型"窑业遗存，称为"后越窑"。

关于越窑瓷业的兴衰历史，南宋人叶寘在《坦斋笔衡》中曾有提及："末俗尚靡，不贵金玉，而贵铜瓷，遂有秘色窑器。世言钱氏有国日越州烧进，不得臣庶用，故云秘色。陆龟蒙诗'九秋风露越窑开，夺得千峰翠色来。好向中宵盛沆瀣，共嵇中散斗遗杯'。乃知唐世已有，非始于钱氏。……若谓旧越窑，不复见矣。"20世纪80年代以来的考古发现表明，越窑制瓷至北宋晚期确已趋向衰落，因而学界把越窑制瓷历史的年代下限定为北宋末年是比较符合实际的。但是慈溪市匡堰镇古银锭湖窑址群的考古调查，发现在游源村一带遗存着一类窑址——"低岭头类型"。在这一类遗存中可以明显地区分出三种不同风格的制品，除了继承北宋末期越窑风格的一类青瓷产品之外，还发现梅瓶、长颈折肩瓶、觚、钟、侈口圜底三足炉、平折沿平底三足炉、鸟食罐、卧足折腹盘、圈足折腹盘和卧足盏托等非越窑传统青瓷品种，明显带有北方青瓷的特征，其中的梅瓶、长颈瓶、鹅颈瓶等器物则与汝窑北宋晚期的同类产品极为相近相似。特别引人注目的是一类施乳浊釉的青瓷

器物，器形有碗、盘、碟、罐、灯、洗、炉、瓶、花盆、尊、钟、香熏、器座、笔山等，其中的瓶、三足炉等大批标本，显然不是日常生活用器，虽说具有实用功能，但更多的还应是用于陈设或祭祀。不仅胎质细腻、制作精细，釉层肥厚而温润，明显有多次施釉现象，并且采用支钉支烧工艺，特别是一向未曾在越窑烧成中使用的垫饼窑具，也在此时此类遗存中发现。这些明确的特征变异，显然不是越窑传统的变形，而是受到外来瓷业文化的直接影响。南宋人也不再把它视为传统已久之"旧越窑"，而是另外给了一个名称"余姚窑"。然而这类南宋时期的窑业，是越窑瓷业的延续，因为在上述3种不同面貌特征的青瓷制品中，确实存在越窑青瓷的后继类型，而且在数量上占较大的优势。这为研究越窑瓷业的后续形态提供了考古学典型实例，故而我们另外命名为"低岭头类型"遗存。

至于越窑衰落的原因，陶瓷考古界众说纷纭。应该说导致越窑青瓷衰落的因素是多方面的，正如同它的兴起一样，是诸多因素综合作用的结果。但就瓷业生产兴衰的基本原因而言，它们主要取决于制瓷原料、烧窑燃料以及社会需求的变化。矿源、燃料和水运，是任何一处瓷业窑场的设立所必备的先决条件，同时也往往是古代名窑造成生产重心转移的主要因素。宋人庄季裕在《鸡肋篇》中曾对浙东山区有山无木的荒芜现象作过如下描述："山林之广，不足以供樵苏，虽佳花美竹，坟墓之松楸，岁月之间，尽成赤地。"沉重的赋税负担，致使广大窑民虽辛勤劳作仍一贫如洗，负债至"家累千金"者极为普遍，使已受原料、燃料困扰的越窑制瓷业，更加处于难以为继的状态。再从窑政的角度看，失去封建朝廷的急切需要，也就缺失了一根强有力的支柱，这也是不可忽略的因素之一。

（二）越窑青瓷考古研究的历史回顾

对越窑及其青瓷产品的考古发现和科学研究工作，是始于现代的事。20世纪30年代出版的《瓷器与浙江》是浙江古代瓷业研究的开创之作。陈万里先生写道："因为有了越器，有了龙泉，有了南宋官窑，浙江的造瓷，可以说是达到了黄金时代。"从此，吾们向来只晓得所谓柴、汝、官、哥、定五大名窑的一句老套底话，是根本打破了。由此五大窑的一句话里，浙江造瓷向来被抹煞了的，也由此有了翻身之日。"它在瓷器史上的重要性，同时因为许多新的窑基、新的证明，又是方兴未艾地陆续发现出来，仿佛是一个未经开采的矿，蕴藏多少富源，留待吾人之努力。我很希望以研究为目的的同志们，不要轻易放过这一个千载难逢的机会！"如果有必要对中国古陶瓷研究的历史试作分期之尝试，则以陈万里和周仁两位先辈为代表，冲出书斋，走向田野，并把碎瓷片的实地调查、采集、整理、研究与现代科学理化测试分析手段紧密相结合的科学研究，乃是一种具有划时代意义的创举，是中国古陶瓷研究从"仅是喜爱古物的传统"而开始进入到"科学的考古研究"阶段。

1957年11月，越窑瓷业中心窑区余姚县上林湖修建水库，浙江省文物管理委员会派遣考古工作人员对上林湖及其周邻之白洋湖、上岙湖、杜湖和古银锭湖诸窑群进行首次考古调查，并编写、发表了《浙江余姚青瓷窑址调查报告》，引起了学术界对越窑青瓷的深切关注。到20世纪60年代，相继开展对上虞县窑寺前和鄞县东钱湖窑址的考古调查，分别公布《记五代吴越国的另一官窑——浙江上虞县窑寺前窑址》和《浙江鄞县古窑址调查纪要》等科研成果，为越窑不同地域类型的研究拓宽了视野。

值得特别提及的是20世纪70年代后期，为配合《中国陶瓷史》编写工作而展开的宁绍地区窑址调查。其中最突出的成果是曹娥江流域早期青瓷窑址群落的发现和东汉晚期成熟瓷器窑业遗存的确认，突破了"汉代无瓷"的传统认识；揭示了从汉代历经三国、两晋、南朝瓷业的演进脉络和各时期的面貌特征，从而为唐宋越州窑青瓷业的历史渊源认识提供了科学依据；也同时引发古陶瓷学界对越窑概念的新探索，给越窑研究向纵深发展开启了一扇思想闸门。20世纪80年代初开始的文物普查，正是由于学术思想的活跃和强烈的探索欲望，而成为越窑研究史上实地考古调查之规模最大、历时最久与收获最多的学术活动。1988年1月，上林湖越窑遗址晋升为全国重点文物保护单位。

1989年，一场历史上空前严重的

干旱降落在上林湖地区，农田干裂，工厂停机，城市用水困难。一个增高堤坝、扩大库容的设想由此引发并迅速地转变成地方政府的行为，形成了一个具体的施工方案。刚刚问世不久的国家级文保单位被推向彻底毁灭的边缘。为此国家文物局发出书面批复"该方案还应该继续论证，现在不能实施"，同时指令省文物部门组织专业队伍进行全面勘测，并提出科学保护的工作报告。1990年4月初，浙江省文物考古研究所组建的考察组进驻上林湖，并在慈溪市文物部门的具体配合下，开展了为期6年之久的窑址调查和考古发掘工作。

现今的慈溪市和历史上的慈溪县，是两个不完全相同的历史地理概念。慈溪县置于唐开元二十六年（738年），隶属明州，辖境代有变迁。1954年，调整行政区划，另以慈溪、镇海、余姚三县之北部新建置慈溪县，1979年又以泗门区和余姚龙南区相置换，遂构成现辖境。至此，历史上著名的上林湖越窑遗址划归慈溪市，以前人们俗称的"余姚上林湖"，也从此更名为"慈溪上林湖"。

继1993年至1995年上林湖荷花芯窑址和马溪滩窑址的两次发掘之后，1998年9月又开始了对慈溪市匡堰镇寺龙口窑址的发掘。该项发掘由浙江省文物考古研究所、北京大学考古学系和慈溪市文管会办公室三个单位联合进行。

在这一年的发掘中，揭示出晚唐、五代、北宋至南宋初期的堆积层位依次叠压关系，为开展越窑考古的地层编年序列和考古分期研究提供了坚实的考古学依据；纠正了越窑瓷业"消亡于北宋"的传统认识；进一步验证了调查试掘中发现的"低岭头类型"遗存的内涵特征，并证知南宋初赵氏政权确曾在该地区征烧过祭器和供器，与《中兴礼书》中记载的绍兴元年"具数下越州烧造"、绍兴四年"降指挥下绍兴府余姚县烧造"相吻合，为研究当时的陶政制度提供了极为生动而真实的考古史料；发掘出土的大量实物标本，以其明确的考古学层位关系，展现晚唐至南宋初不同阶段越窑青瓷的面貌特征、制瓷工艺技术的历史演进和特征变异，不仅表明瓷业文化的丰富层次和不同谱系的多元结构，而且为瓷窑址考古开辟了一个新的方向。因此，该项发掘是越窑考古研究史上的一次重大突破和历史性飞跃，被评为当年全国考古十大新发现之一。

（三）越瓷鉴定鉴赏与考古学研究

鉴赏，是人们对艺术形象感受、理解和评判的过程。人们在鉴赏中的思维活动和感情活动一般都从艺术形象的具体感受出发，实现由感性阶段到理性阶段的认识飞跃，既受到艺术作品的形象、内容的制约，又根据自己的阶级立场、生活经验、艺术观点和艺术兴趣对形象加以补充和丰富。不同阶级对艺术作品有不同的鉴赏要求和不尽相同的感受与评价；同一阶级的不同阶层，则由于人们生活习惯、经历，以及艺术修养和艺术感受能力的不同，在艺术鉴赏上也必然出现差异。若就古器物的鉴定鉴赏而言，明代曹昭曾在《格古要论》自序中说得十分明白："先子贞隐处士，平生好古博雅，素蓄古法书、名画、古琴。旧研彝鼎尊壶之属，置之斋阁，以为珍玩，其售之者往来尤多。予自幼性本酷嗜古，侍于先子之侧。凡见一物，必遍阅图谱，究其来历，格其优劣，别其是非而后已。"大概这就是古人所说的"致知在格物，物格而后知至"的意思吧。关于古陶瓷的鉴定与鉴赏，《格古要论》一书堪称我国历史上的一部划时代著作。

借用李政道教授曾说过的一句话："科学和艺术是一个硬币的两面，科学是通过自己的研究说明世界；艺术则通过自己的观察和创作来描绘世界。"如果说中国古陶瓷研究的历史，曾经有过"仅是喜爱古物"的鉴赏传统，而今则已迈进到"科学的考古研究"。"考古学既是科学，又是艺术"，是科学和艺术的一种完美统一。这是俞伟超先生在《考古学新理解论纲》中的创见："如果将科学性视为主观性的消除，那考古学只能算作艺术。如果把考古学的解释，看作是追求科学性过程中的必然产物，其中既有客观性的东西，也有主观性的内容，那也就不能排除其艺术性的成分。当然，就解释的整个过程来看，应该是客观性成分愈来愈多。这里决不是在鼓励不负责任的幻想和作无稽的猜测，不能把考古学研究当作艺术的自由创作。"

瓷业产品的物质结构，可以分解

为胎骨、釉层、形制、装饰、烧成五大基本组成要素，从直观上认识，它们仿佛与瓷器制品烧造工艺流程——瓷土采掘、胎泥制备、制作成形、花纹装饰、产品烧成五大基本工序相对应；倘若从深层原因去审视，任何一件制品之面貌特征的形成，无不是由于制瓷原料、工艺技术和社会因素三大合力作用的结果，它们既是人们行为模式的表征，也是人们意识形态和精神文化的物态化。这五大要素，诚然是陶瓷考古研究的基本内容，更是瓷器鉴定的五项要诀，自然就成为瓷器鉴赏的重点所在。但是瓷器的鉴定与鉴赏，在现实的条件下，似应以瓷窑址考古的田野工作所获资料为坚实的基础。

瓷器的胎骨状况，不仅与瓷石质原料的矿物结构和胎的化学组成密切相关，而且胎泥制备工艺技术及使用的窑炉结构类型、烧成方式和不同的窑位空间，也都在不同程度上使胎质、色泽和外观形态呈现出微妙的变化。中国的传统瓷器，素来采用单一瓷石质原料，直至元代景德镇窑业方才出现"瓷石加高岭土"的二元配方，而浙江的南宋官窑和龙泉窑白胎、黑胎两种厚釉青瓷，则均在胎料中引进紫金土。前者因此完成由软质瓷向硬质瓷的转化，达到"素肌玉骨"的全新境界，后者则是为了追求陈设艺术用瓷所蕴含的某种美学意境。

施于胎表的釉层，是胎、釉在高温作用下牢固结合而成的一种复合体。中国传统制瓷素来存在重釉轻胎的倾向，对于釉层效果的刻意追求，诚然其演进变化较胎质明显，即便是越窑"秘色瓷"釉的类冰类玉描述，也只能属于修辞学上的理想表达。北宋后期石灰碱釉的创制成功，方才根本上改变了传统高钙石灰釉一览无遗的特点，使釉层不再单纯成为器皿的保护层，具备可以向人们展示独立存在的艺术功能和独具特征之审美价值的厚釉，把宋代高温色釉的精神境界升华到一种透彻了悟的哲理高度。

器物形态的变化，不仅取决于成型技术和造型工艺，同时受材质、用途，乃至人们的习尚爱好和审美情趣等多方面的制约。原始瓷的成形方式明显地受到印纹硬陶泥条圈筑技术的影响，春秋时期的原始瓷曾作为某种区域之青铜礼器的替用品而兴盛，两汉时期的带釉高温陶瓷风行江南却具浓郁的楚文化色彩。瓷器真正大步迈向社会日常生活领域以至成为人们生活之必须用品，却是从的李唐时代开始的。如果说日用器皿的审美化意味着我国瓷器生产全面繁盛期的到来，那么北宋末期陈设艺术用瓷从日常生活用瓷中分化出来，以至形成独具文化内涵和艺术特征的特色门类，其原因恰恰在于封建文化的高度发达和制瓷工艺技术的日臻成熟。

若论装饰，当不单指题材内容和纹样图式，而同时包含装饰工艺技法与手段形式。胎装饰、釉装饰和彩装饰，它们呈现为某种次序的阶段变化，但存在各自演进发展的不同轨迹。至于装饰题材内容和纹样形式，一如造型艺术和形制款式，均与时代精神、审美思潮以及诸多艺术门类之间的相互渗透密切关联。作为历史的产物，它们无不属于特定历史条件和社会形态的融聚物；作为满足日常生活需求的商品，又必然受到市场价值规律的支配；作为艺术形式，则又终究难以背离艺术发展的内在规律和变化逻辑。

陶瓷之烧成，堪称为"火的艺术"，它是陶瓷生产工艺的最后工序，更是制瓷活动成败的关键。而就成品面貌特征形成的直接因素而言，则坯件的装烧及所用窑具的形制和使用方式，往往明确地呈现出各自的系列形态，以至成为鉴别和鉴赏的重要依据。

上述瓷器制品物质结构的五大基本要素，恰恰是瓷业文化因素特征的集中表现。诚然，一切考古学遗存或是文物，都是以具体的物质形态表现出来的，但是透过物质文化遗物，我们不仅看到了古代的生产能力、创造物质的生产过程及其具体产物，还能看到当时人们建立在生产关系基础上的社会关系、行为规范和准则，甚至可以从中窥探他们的精神世界、价值观念、思维方式和心理状态。

由此可见，古陶瓷鉴赏与陶瓷考古学研究，都应突破物质文化的范畴，进而在探索当时的社会组织状况甚至是人们的精神面貌等文化结构的三个层面的综合研究中，"辟一新园地，扩一新境界"！

第二章

窑址概况

（一）先越窑

1. 先越窑的分布

随着瓷窑遗址考古调查的不断深入开展以及三次文物普查，基本上摸清了先越窑遗址的分布情况。东汉至六朝时期的先越窑遗址主要分布在绍兴地区的上虞市、绍兴县、越城区、诸暨市，宁波地区的鄞州区、江北区、慈溪市、余姚市等地，曹娥江中游的上浦镇大湖岙、四锋山，梁湖镇拗花山、皂里湖较为密集。共发现瓷窑遗址165处。其中上虞119处，绍兴县8处，诸暨市2处，越城区1处，慈溪市20处，余姚市6处，江北区5处，鄞州区4处。

表一　先越窑遗址统计表

窑址 各县市区	东汉	东汉三国	东汉西晋	东汉南朝	三国	三国西晋	三国东晋	西晋	西晋东晋	西晋南朝	东晋	东晋南朝	南朝	总数
上虞市	50	2	1	1	7	24	1	16	3	2	4	8		119
越城区											1			1
绍兴县		3				2	1	1	1					8
诸暨市	2													2
江北区	3					1							1	5
鄞州区	3					1								4
余姚市	1					1	1	2					1	6
慈溪市	8	3									7		2	20
合计	67	8	1	1	8	28	3	19	4	2	12	8	4	165

2．先越窑发展诸阶段

20世纪70年代后期，上海硅酸盐研究所曾对上虞小仙坛东汉晚期窑址出土的一片青釉印纹罍标本进行了测试，其烧成温度、显气孔率、吸水率和抗弯强度等指值已达到了成熟瓷器的标准。事实证明，到东汉晚期，曹娥江中游地区，率先在原始瓷的基础上创造出了成熟青瓷，这是陶瓷工艺技术的重大飞跃，具有划时代的意义。从先越窑遗址统计表数据来看，曹娥江中游地区分布的东汉、六朝时期窑址数量要占整个宁绍地区窑址总和的2/3还要多，可见上虞曹娥江中游地区不但是青瓷的发祥地，而且是先越窑瓷业生产中心，已为世人所公认。

从瓷窑址考古调查、发掘，墓葬出土的青瓷器来看，先越窑大致经历了创造发展、兴盛到衰落三个阶段。

创造发展期（东汉晚期）。这一时期，宁绍地区共发现70余处窑址，而上虞曹娥江中游地区就占了50余处，说明曹娥江中游地区创造出成熟青瓷后，瓷业生产得到迅速发展，并影响到周边地区。这期的主要器型有罐、壶、钟、罍、瓿、洗、双唇罐、五管瓶、灶、碗等。胎灰白，较细，含砂粒，坚硬，气孔少；釉色以青釉、酱褐釉为主，釉层较均匀；器表装饰以划、拍印为主，纹饰有弦纹、水波纹、方格纹、网纹、窗棂纹、席纹、蝶形纹、叶脉纹等，器耳均为模印，盛行叶脉纹。制作方法，大多数器物为轮制，也有泥条盘筑的。如奉化市文保所藏的"熹平四年"（175年）墓出土的青瓷罐，直口，束颈，折肩，斜直腹，平底，肩部堆贴绳纹，交叉成网格形，交叉点上饰乳钉，施青釉，底部露胎。造型规整、别致，是一件东汉成熟瓷器的代表作（图1），为瓷器产生于东汉晚期的事

图1.堆贴绳索纹罐（东汉）

图2.褐釉印纹罐（东汉）

图3.麻布纹四系罐（东汉）

图4."王尊"铭文钟（东汉）

实，提供了十分珍贵的实物依据。浙江省博物馆藏的一件印纹罐，直口，高领，鼓腹，平底，上部拍印几何形纹，施褐色釉，不到底（图2）。慈溪市博物馆藏的一件四系罐，直口，高领，鼓腹，平底。肩部置四系，腹部印麻布纹，施青釉，不及底（图3）。鄞州区文管办藏的一件青瓷钟，器型小巧，典雅，施青釉，底刻划隶书"王尊"铭文，弥足珍贵（图4）；另一件五管瓶，由罐和五个小管组成，上部有五小管，中间一个稍高大，小管间堆塑猪、羊、龟、鸟、熊等大小动物，颈腹部堆塑着多

个胡俑，有跪拜的、仁立的、倒立的、吹箫奏琴的，形象生动（图5、5-1）。

兴盛时期（三国西晋）。这一时期的窑址数量虽然与东汉晚期相当，但产品质量明显提高，产品种类丰富多彩，器物造型、装饰呈现出全新的面貌，瓷业生产达到前所未有的兴盛。主要器物有碗、盘、盏、盅、耳杯、壶、罐、洗、盆、钵、槅、樽、簋、熏炉、唾盂、虎子、砚、水盂等，像生器物有虎首罐、鸡首罐、牛首罐、马首罐、鸡首壶、蛙形水盂、狮形插器、熊形灯、熊形尊、羊

形器、牛等。随着厚葬风气的盛行，大量出现专供死者随葬的明器。器物有堆塑罐、镰斗、火盆、鬼灶、鸡舍、猪圈、狗圈、鸭圈、碓、砻、米筛、畚箕、水桶、磨、井等。装饰工艺主要有压印、模贴、戳印、刻划、雕塑、褐彩等。纹饰有斜方格纹带、龙纹带、连珠纹、水波纹、弦纹、铺首、佛像、麒麟、凤凰等。如胡曾范藏的一件三国青瓷盘口壶，小盘口，束颈，鼓腹，平底微内凹，肩部置双系，上饰叶脉纹，通体饰弦纹，釉色青黄，造型稳重，制作精致（图6）；浙江中立古陶瓷博物馆藏的三

图5.堆塑五管瓶（东汉）　　　　　　　　　　图5-1.堆塑五管瓶局部（东汉）

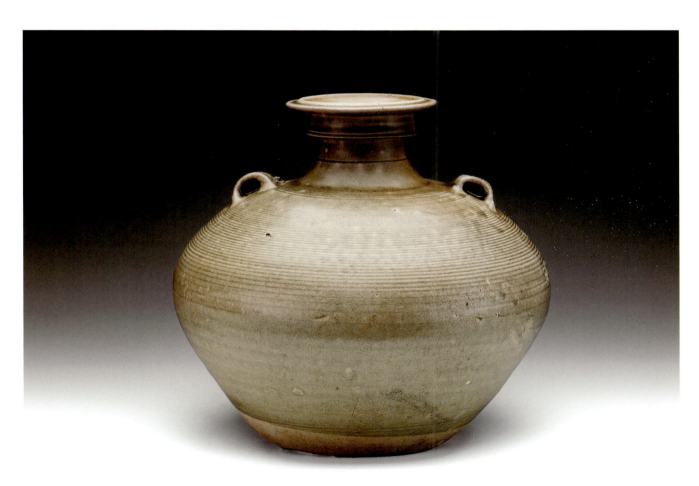

图6.弦纹双系壶（三国）

国青瓷双系盖罐，敛口，鼓腹，平底，肩部置双系，划三道弦线，间划水波纹一周，盖微弧，顶置一钮，施青釉，不及底（图7）；另一件西晋青瓷龙纹钵，侈口，弧腹，假圈足，腹部压印龙纹一周，施青黄釉（图8）。中国国家博物馆藏的熊形灯，灯柱做成熊形，头顶灯盏，蹲坐在盘内，盘外底划"甘露元年五月造"铭文（图9）。余姚博物馆藏的西晋青瓷提梁鸡首壶，盘口，矮颈，鼓腹，平底，盘口上置黄鼬提梁，肩部饰弦纹、波浪纹、网格纹组合的花纹带，上堆贴人物及麒麟、铺首，并对置鸡首和尾，鸡首位于鼬首下方，施青釉，不及底，造型生动，别具一格，堪称绝品（图10）。慈溪浙东陶瓷博物馆藏的西晋青瓷双系罐，直口，高领，鼓腹，平底，肩部模贴铺首及系各一对，系上饰双凤和瑞兽，施青釉，不及底（图11）；另一件西晋青瓷牛，卧伏状，口微张，圆目大眼，两角弧曲，前冲，背脊明显突出，尾巴上卷，施青釉（图12）。私人收藏的一件西晋青瓷狮形插器，头微昂，张口，呲牙瞪目，头顶有一个圆孔，背上置高插管，颈、尾、毛发卷曲，腹部两侧划羽翼纹，四肢蹲伏，施青釉，体形硕大，威武，刻划生动，是这一时期精品之作（图13）。

图7.双系盖罐（三国）

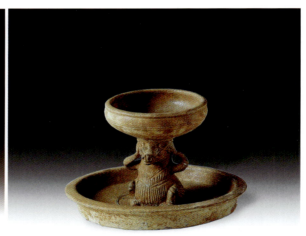

图9.熊形灯（西晋）

图8.龙纹钵（西晋）

图10.提梁鸡首壶（西晋）

图13.狮形插器（西晋）

图11.瑞兽双系罐（西晋）

图12.卧牛（西晋）

越窑◎窑址概况

13

图14.羊首壶（东晋）

图15.褐彩盒（东晋）

衰落期（东晋南朝时期）。从窑址统计表来看，这一时期的窑址数量大幅减少，整个宁绍地区只有20余处窑址，就连曾经是先越窑瓷业生产中心的曹娥江中游地区也仅发现10余处窑址。从现有东晋、南朝墓资料表明，出土器物的种类、数量比上期明显减少，而且不见明器。可见此时的瓷业生产规模缩小，产量大幅下降，已进入衰落时期。

东晋、南朝时期器物种类大致相当，产品质量仍然较好。常见器物有碗、盘、罐、鸡首壶、罂、羊首壶、盒、钵、洗、杯、尊、唾盂、虎子、熏炉、灯、砚台、水盂等。如周

晓刚收藏的一件东晋青瓷羊首壶，盘口、矮颈、鼓腹、平底，肩置羊首流、柄及双系，口沿及羊眼珠点褐彩，施青釉，不及底（图14）；徐其明收藏的东晋青瓷点彩盒，直口、浅腹、假圈足，盖弧面，饰弦纹，顶置卧伏兽形钮，内底及盖面饰褐色点彩（图15）；另一件南朝青瓷鸡首壶，盘口、矮颈、弧腹、平底，肩置鸡首、柄和桥形双系，上腹刻划二重仰莲瓣纹，施青釉（图16）。器物装饰与前期有明显的变化，装饰纹样趋于简化，流行弦纹和褐色点彩。弦纹常见于器物口沿、颈、肩等部位，有粗细之分，到了南朝粗弦纹少见。褐色

点彩主要装饰在器物的口沿、腹、系和动物的眼睛、背脊等突出部位。东晋早期，器物口沿上的点彩一般呈四点，到中晚期时，呈二点或三点，甚至四点为一组排列，到南朝时，点彩演变成小而密。南朝时期除了弦纹和褐色点彩外，还有刻划莲瓣纹。莲瓣纹始于东晋晚期，盛于南朝。莲瓣纹有划和刻划兼施二种，主要刻划在碗、盘、钵、罐、壶等器物的外腹、内底和肩部，有的盘内底戳印莲蓬，缘划莲瓣纹，似一朵盛开的莲花。如慈溪浙东陶瓷博物馆藏的一件南朝青瓷鸡首壶，盘口、竹节颈、鼓腹、平底，肩部置鸡首、龙柄和桥形

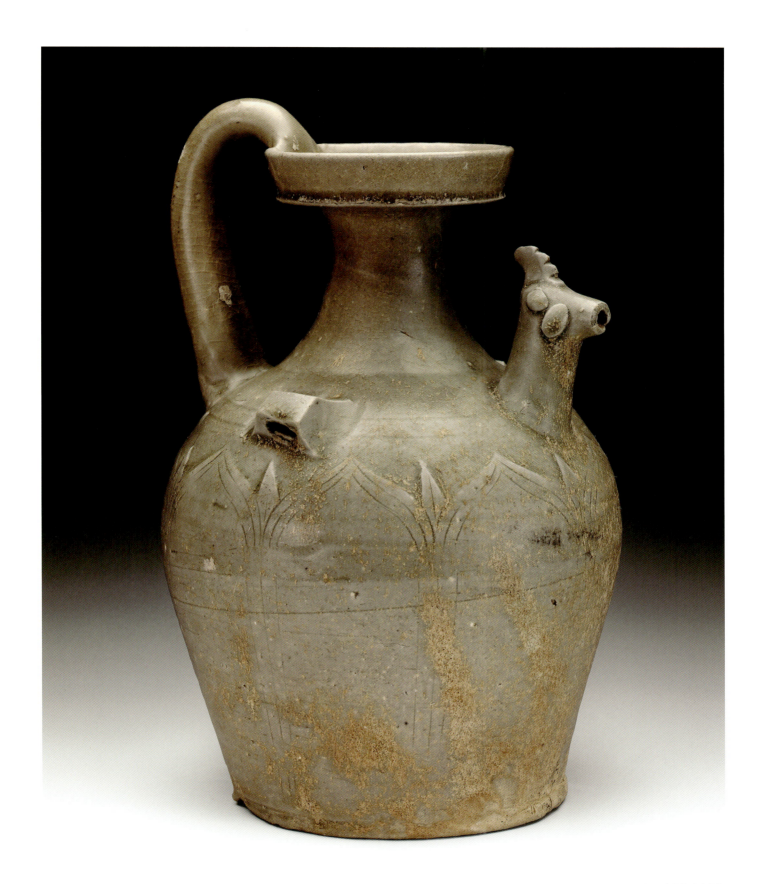

图16.鸡首壶（南朝）

双系，颈、肩部划重线莲瓣纹，施青釉（图17）；另一件东晋点彩灯，由盏、柱、盘组成，盏口和盘口施褐色点彩，盏口点彩呈二点一组排列，釉色青黄（图18）；慈溪市博物馆藏的南朝青瓷托盘，内底戳印莲蓬，周围划重线莲瓣纹，线条流畅，形象生动（图19）。

（二）越窑

1. 越窑的分布

唐朝是我国历史上繁荣、昌盛的时期，各类手工业得到了蓬勃发展，瓷业生产出现遍地开花、相互争妍的局面，形成了南青北白的瓷业格局。慈溪上林湖越窑是当时南方青瓷中的杰出代表。

考古调查表明，越窑遗址分布在唐宋时期的越州和明州政区内（今宁绍地区），以慈溪的上林湖地区、上虞的曹娥江中游地区和鄞县东钱湖地区最为密集。根据浙江省文物地图集以及有关资料统计，唐宋越窑遗址有294处（表二），现简述如下：

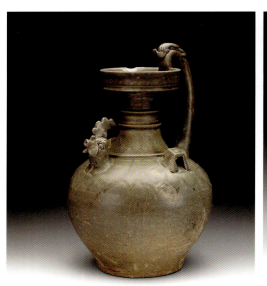

图17.鸡首龙柄壶（南朝）

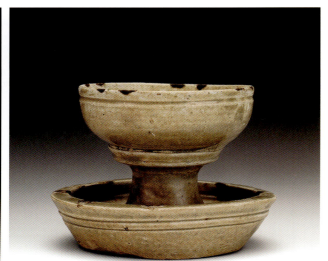

图18.褐彩灯（东晋）

图19.莲花纹托盘（南朝）

表二 越窑遗址统计表

窑址\各县市	唐	唐—五代	唐—北宋	唐、北宋	唐—南宋	五代	五代—北宋	五代—南宋	五代—宋	北宋	北宋南宋	宋代	南宋	总数
慈溪	76	5	4	9	1	6	22			42	6		1	172
上虞	11	2		2			5		8	2		4		34
鄞县	2						11			5				18
余姚							1	2		9		7		19
宁海										3		2		5
奉化							6					3		9
象山	1											1		2
镇海	3											1		4
绍兴县				1									1	2
绍兴市		1								1				2
诸暨	4											12		16
新昌												3		3
嵊州										5		3		8
合计	97	8	4	12	1	6	45	2	8	67	6	36	2	294

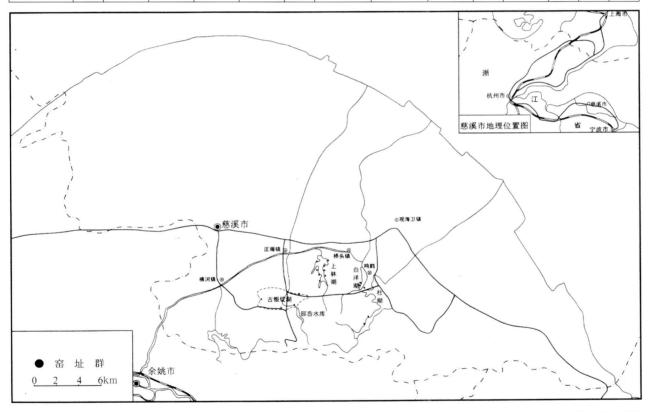

图20.浙江省慈溪市越窑跨越分布图

慈溪市 窑业主要由上林湖、白洋湖、里杜湖、古银锭湖等4个窑区组成，共发现172处（图20）。

上林湖窑区位于三北群山主峰栲栳山北麓，在库区内分布着104处唐宋窑址，犹如一颗颗灿烂的明珠镶嵌在20公里的湖岸线上。大部分窑址在湖的南半部，尤以木勺湾、吴石岭、横塘山、黄鳝山、荷花芯、皮刀山、沈家山、狗颈山、后施岙、牛角山、吴家溪、黄婆岙等地最为密集。从各窑址器物特征来看，可认定唐代51处，唐至北宋4处，唐、北宋9处，五代6处，五代至北宋14处，北宋20处。1964年公布为省级文物保护单位，1988年公布为全国重点文物保护单位。

白洋湖窑区在上林湖之东，相距2公里，窑址分布在湖的南部和西南部，在石马弄、对面山、碗片山、小弄口等地发现窑址12处，根据各窑址器物特征，可确认唐代5处，五代至北宋2处，北宋5处。

里杜湖窑区杜湖在鸣鹤镇境内，1963年在湖的中部建一堤坝，分为里杜湖和外杜湖，外杜湖与白洋湖相连。窑址分布在里杜湖西岸中部，主要集中在碗窑山、栗子山、大黄山等沿湖平缓的山坡上，共发现窑址15处。其中唐中期8处，北宋晚期7处。每年丰水期大部分窑址被淹，枯水期窑址尽露水面，破坏严重。

古银锭湖窑区位于上林湖西南，相距2.5公里。早年已废，现为良田。窑址主要分布在石塘山、牧羊山、瓦片滩、野猫洞、汪家坪、大坪里、雉鸡山、开刀山、小姑岭等地，共有窑址30处，从器物特征来看，唐代4处，唐至五代5处，唐至南宋1处，五代至北宋6处，北宋8处，北宋至南宋6处，南宋1处。

除上述4个窑区之外，其周围的上岙湖、烛溪湖、梅湖等地有窑址10处，其中唐代8处，北宋2处。

上虞市 在曹娥江中游两岸发现唐宋时期的窑址34处，分布在上浦镇夏家埠村的帐子山，凌湖村的窑山、台山、甑底山、橡皮地、虎皮岗、蛇头山，石井村的窑山、黄蛇山，甲仗村的庄头山、窑寺前、前岙口、栗树山、道士山、傅家岭、马岙水库、盘家湾、象里山，徐家湾村的里庵基，

上宅村的水管头山等；龙浦镇魏家庄村的逍遥岙、窑甏里，前进村的风吹山、窑山、风翼梢山、大鱼山，里氏村的仙人脚掌山，湾头村的叶家山；谢桥镇岙口村的义葬山；汤霸镇蒋村的霸山；梁湖镇倪刘村的牛山等地。从器物的特征来看，唐代11处，唐至五代2处，唐、北宋2处，五代至北宋5处，五代至宋8处，北宋2处，宋4处。

鄞县 在东钱湖四周发现窑址18处，其中唐代2处，五代至北宋11处，北宋5处。主要分布在五乡镇横省村的屋后山、河头湾，沙堰村的小干岭，周岙村的张家庄，仁久村的双峰山；东钱湖镇上水村的窑岙山，郭家峙村的郭童岙、王家弄、郭家峙，西村的刀子山、蛇山，马山村的窑棚，前堰头村的三甲岙；东吴镇东村的窑头山，南村的古坟潭等地。

余姚市 窑址主要集中在姚江两岸的丘陵地区。目前已发现窑址19处，主要分布在马渚镇杨岐岙村的王家山、窑基山，张家山下村的张家山下，藏野湖村的藏野湖；牟山镇竺山村的大园地、料勺嘴、马步龙，湖西村的窑头山；三七市镇剡岙村的橡皮山，相岙村的大池头，石步村的石步；肖东镇郭相桥村的前溪湖，莫家湖村的蛇岗；余姚镇钟家门头村的胡口弄；陆埠镇十五岙村的鲁家坟等地。

宁海县 现发现5处。分布在茶院乡平窑村的小山，梅林镇何家村和岔路镇虎头山等地。

奉化市 窑址主要分布于白杜、西坞和尚田三个乡镇，以白杜乡最集中。共发现窑址9处，其中五代至北宋

6处，宋3处。

象山县 窑址有2处，其中初唐1处，宋1处。分布在黄避岙乡东塔村的陈岙和丹城镇东门外东塘山。

镇海区 窑址主要分布于骆驼镇汶溪小洞岙村的晨钟山、何家园、小洞岙和河头乡十字路水库。目前已发现窑址4处，其中晚唐3处，宋1处。

绍兴县 发现晚唐至北宋时期的窑址2处，位于平水镇上灶村官山。

绍兴市 唐至五代，北宋时期窑址各1处。分别位于禹陵乡禹陵村庙湾西水山南坡和东湖乡桐梧村缸窑山东坡。

诸暨市 窑址主要分布于双桥镇、湄池镇、阮市镇、直埠镇、江藻镇、马剑镇、枫桥镇等。唐代窑址有排山坞窑、孤坟仓山窑、土箕山窑、下埠头窑4处，宋代窑址有青山弄窑、月垅湾窑、骆家桥窑、凉西窑、新蒋窑、伏虎山窑、瓶甏山窑、红坞口窑、作坊村窑、龟山窑、船山窑、缸窑山窑等12处。

新昌县 窑址3处，分布在拔茅镇的碗窑山、鞍山和拔茅中学。时代为宋。

嵊州市 主要分布在长乐镇马面村的缸窑背，石阳村的碗盏山头，五村的碗盏山、下阳山；绿溪乡上胡村的瓷窑山；三界镇八郑村的小洋山、下郑山，傅山村的独山等。北宋窑址5处，宋3处。

上述窑址均分布于山麓的缓坡上，那里山峦连绵，湖泊众多，河流纵横交错，自然资源极为丰富，蕴藏着大量瓷石矿，树木茂盛，燃料充足，水运便捷，为瓷业的发展提供了

必要的条件。

从窑址的年代、分布区域、数量及产品质量来看，唐代早期，瓷业生产还未见规模可观的窑址群落。进入中唐以后，制瓷技术进一步改进，大量使用匣钵装烧，瓷器质量显著提高，窑址数量剧增。以上林湖为中心的瓷业迅速拓展，在其周围的白洋湖、里杜湖、古银锭湖、上岙湖、烛溪湖以及上虞、镇海、诸暨、鄞县等地相继设立窑场，规模宏大，窑场林立。晚唐时期，瓷业生产得到了空前的发展，跨入了繁盛时期。这时期的杰出成就，是成功地烧制出越窑优质瓷器——秘色瓷。五代、北宋初期，瓷业又有进一步的发展，生产规模不断扩大，器类繁多，富有变化，造型轻巧优美，制作十分精致。至北宋中期，瓷业生产已停滞不前，虽有精品，但不及北宋初期的精美。北宋晚期，窑址锐减，上林湖地区仅有10余处，制作工艺衰退，大量产品采用明火装烧，制品粗糙，品种单调，刻划花纹简单、草率，瓷业生产出现大衰败态势。

考古调查资料表明，晚唐时，在上林湖设立贡窑，烧制秘色瓷，贡奉朝廷。五代、北宋初，吴越钱氏为了"保境安民"，对中原君主称臣纳贡，秘色瓷成了当时纳贡的重要方物之一，数量极大，从一个侧面反映了当时越窑生产秘色瓷的盛况。随着进贡瓷器的剧增，上林湖及周围的白洋湖、古银锭湖诸窑群生产的秘色瓷不能满足其需要，在上虞的窑寺前、鄞县的东钱湖等地也开辟新窑场，扩大生产规模。由于贡瓷数量与日俱增这

一政治因素，瓷业生产蓬勃发展，对以上林湖瓷业为中心的越州窑系形成起到了重要的作用。

2．窑炉结构

越窑的窑炉为龙窑。龙窑的历史十分悠久，它始创于商代，经过不断的演进、完善，一直沿用到现代，使用时间长达3000余年。1984年浙江省上虞县百官镇发现了商代龙窑。其中2号窑保存较好，长5.1米，最宽处为1.22米，残高0.33米，窑底经过平整加工，上铺沙层。这是中国境内目前发现最早的龙窑遗迹。

20世纪90年代初开始，文物部门连年不断地对上林湖越窑遗址进行全面调查和考古发掘工作，先后多次对上林湖荷花芯唐代窑址、马溪滩唐宋窑址、白洋湖石马弄唐宋窑址和古银锭湖低岭头南宋窑址、寺龙口唐宋窑址进行了发掘，发现了唐宋时期的窑炉7座。其中荷花芯唐代窑炉、石马弄北宋窑炉保存较

好，具有代表性。

①唐代窑炉

荷花芯唐代Y37窑炉较为典型。窑炉由火膛、窑床、窑尾三部分组成。窑炉斜长41.83米，近东西向，坡度13度（图21）。

火膛位于窑炉东端，呈半圆形。用长方形土坯砖错缝平砌，前端正中为火门，底铺M形匣钵，呈斜平面。火膛宽1.86米，火门至后壁深1.5米，后壁高0.34米。

窑床由前向后渐宽，最宽处为2.8米，残高0.5米，壁用长方形土坯砖错缝平砌，内侧满紫色窑汗。底铺沙层，呈较硬的烧结面。中段沙层上存有矮圆柱形垫具，纵横排列整齐，间距为0.1米左右。北壁残存窑门7个，门宽0.4—0.6米不等，门外侧有垫柱、匣钵等叠成八字形门道。

窑尾因现代坟破坏，无存。

②北宋窑炉

以白洋湖石马弄Y1窑炉为例。窑

图21.上林湖荷花芯Y37窑炉（唐）

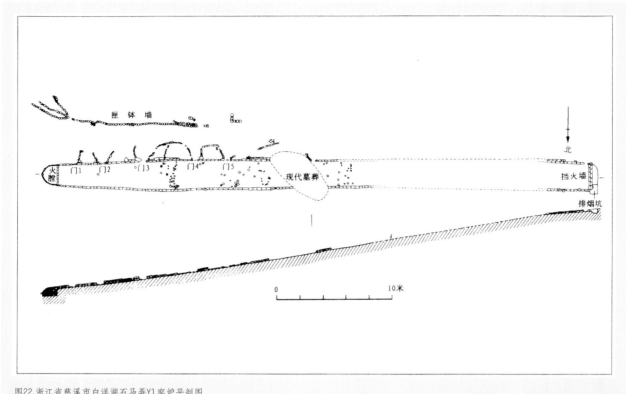

图22.浙江省慈溪市白洋湖石马弄Y1窑炉平剖图

炉斜长49.5米，近东西向，窑床坡度10度。按其结构部位的不同，分为火膛、窑床、窑尾三部分（图22）。

火膛在窑床的东端，呈半圆形，东端正中是火门，火膛后壁宽0.65米，高0.6米，火门至后壁深为1.25米，底为一烧结的斜平面，壁用砖、石、匣钵叠砌而成。

窑床近火膛处较窄，往后渐宽，窑床宽1.9—2.4米，残高0.35米，壁为土坯砖错缝平砌而成，南壁局部为双层，可见此窑炉在使用过程中曾作过大修。底铺沙层，已烧结，残留部分垫具和产品，垫具多为束腰形圆柱。窑门尚存5个，均开在南壁，门宽0.5—0.55米不等，平面呈八字形，各窑门之间距为1.75—4米不等。有的窑门之间用砖石围筑成相连的半圆形台面，半

径约1.8米，可堆放柴薪或窑具、坯件之用。

窑尾坡度变缓，后壁残留双层错缝平砌的土坯砖，后壁外有一个排烟坑，是岩石上凿出的浅坑，宽约0.5米，深0.37米。坑内存有深灰色土。

考古资料表明，唐、北宋时期龙窑结构具有以下几个共同特征：①由火膛、窑床、窑尾组成，长度40—50米，宽2—3米，坡度10—15度；②窑壁采用土坯砖错缝平砌而成；③窑门均开在一侧，其平面呈八字形；④窑底经过平整加工，铺沙，便于稳固匣钵柱。由此可见，唐、宋时期龙窑的结构比较完善，进入了定型时期。

3．越窑青瓷的分期

通过对历年来调查资料的整理，根据器物类型的演变，以及胎、釉、器

物形制、装饰花纹和装烧工艺的发展变化，大致可把越窑青瓷分为7个时期。

唐早期　处在低谷阶段，制作粗糙，器类较少，胎壁厚重。器类有碗、盘、盏、壶、罐、钵、灯、砚等，以大小不同规格的敞口外翻、弧腹、假圈足碗和宽矮圈足碗为大宗。假圈足演变成宽矮圈足，挖足大多不规整。新出现了玉璧底碗、盘口胆囊壶等。胎灰白，仍含细沙，有小气孔和分层现象，器表不光洁；釉色以淡青灰、青黄居多，釉层薄，少光泽感，还有少量的黑釉；满釉器较少，多数器底露胎；器物均为素面。在窑址堆积中，发现少量的匣钵，大部分器物仍采用明火叠烧，叠烧的泥点痕大多呈不规则的三角形。

唐中期　瓷业生产得到了长足

进步，不但窑址的数量增加，而且胎釉、装烧等技术有了很大的进步，烧造出较高质量的瓷器，标志着瓷业生产开始进入繁荣时期。器物以宽矮圈足碗和翻口、深腹、圈足碗为大宗。新出现了敛口玉璧底碗和卷沿直腹罐。胎质灰白、细腻，釉色以青黄釉为主，青灰釉次之，不见上期的黑釉器；釉层均匀、光洁，有玻璃质感，多满釉。器表装饰以素面为主，刻划花次之。多数为刻划兼用，也有少量划花。常见花纹有荷花、荷叶纹、鱼纹等；还有在碗的外壁划四条竖棱线，有的口沿呈四曲，曲下外壁划竖棱线。从上林湖窑址标本的刻划线条观察，先刻荷花、荷叶轮廓线，然后细线填划，图案往往布满整个内壁。刻划线条疏朗流畅，有层次感。在这期堆积中，大量出现夹沙耐火土匣钵和夹沙瓷质匣钵，可见大多数器物用匣钵装烧。新出现的卷沿直腹罐和方唇弧腹平底钵大多为对口合烧，并内置小件器，进行套烧。圈足器挖足规整，足端刮釉，有一圈松子状泥点痕。

唐晚期 瓷业生产进入鼎盛时期，产品种类繁多，造型优美，制作规整。器物有碗、盘、盏、托、壶、罐、钵、洗、杯、水盂、灯盏、盒、匙等。碗有曲口碗、侈口碗、撇足碗等；盘有葵口盘、曲口盘、委角盘、敞口盘等；壶有长颈壶、短颈壶、盘口壶、喇叭口壶、直口壶等；其他器物也多种多样。碗、盘类大多仿制金银器皿，有的器型特大。新出现了方盘、香熏、油盒、香炉、净水瓶等器型。而碗、盘、盏、托等器的口部多呈各种花瓣形，腹部划四至五条竖棱线，其造型犹如一朵朵盛开的花朵。罐、壶、水盂等器的腹部划四条竖棱线，作瓜棱状，极有写实形象的效果。釉色以青黄釉为主，也有青灰、青绿，并有浓淡、深浅之分。装饰以划花为主，刻划兼用者少见。主要花纹有荷花、荷叶、小鸟、云鹤、鱼纹等。刻划线条规整、疏朗，图案对称清晰。图案布局由上期的整个内壁缩小到内底。除划花外，还出现了模印花纹和褐色彩绘。模印的花纹有云鹤纹、鱼喷水纹等。粗线划花主要装饰于碗、盘、海棠杯、盒盖和盏托等器。从上林湖荷花芯、马溪滩等唐代窑址的残片中发现，有一种高圈足外撇碗的底与圈足有明显分离痕迹，这种碗足高而窄，不宜采用挖足技法，而是采用了分段制作、黏结而成。器物普遍使用匣钵装烧，有夹沙耐火土匣钵和与坯件同质的瓷匣钵之分，新出现了匣钵盖。

五代 仍是越窑的鼎盛时期，器物的胎质、釉色及制作工艺与上期基本相同，其造型有较大的变化，碗的腹部下垂，圈足较上期窄而高，盘的圈足外撇，盏托、盒的器型普遍变矮，壶腹变鼓，颈部变长。上期的玉璧底碗消失，演变成敞口、斜腹、环底碗；曲口撇足碗发展成曲口喇叭足碗，足与碗底分段制作、黏结而成。新出现高圈足折沿盘，方形、圆形委角盒，卧足盘和卧足盆。器表装饰以素面为主，有少量的刻划花，花纹有龙纹、缠枝花、绞枝荷花、莲瓣纹等。装烧特征与上期基本相同，所不同的是瓷质匣钵和匣钵盖的胎壁减薄，含细沙，较粗糙；大量使用垫圈装烧，泥点支烧痕迹由足端移至器底，使圈足包釉光滑。

北宋早期 这期以纤细划花器为主要特征。产品种类趋于繁多，胎色较上期稍灰，釉层薄而透明，釉色以青灰居多，也有青黄、青绿。碗的腹部下垂，圈足变高，盘、盏托、盒、洗、灯的圈足普遍外撇。器表装饰，盛行纤细的划花，也有少量的刻划花。主要图案有对称双凤、对称双蝶、对称鹦鹉、缠枝花、折枝花、缠枝莲、云鹤纹、鸳鸯戏荷、双鱼戏荷、莲瓣纹、花鸟纹、波涛纹、牡丹花、荷叶纹、龟心荷叶纹、人物等等。而荷花纹、花鸟纹、凤凰纹、鹦鹉纹、摩羯纹等与出土唐代金银器上錾刻的花纹相同或相似。装饰部位，碗、盘类主要在内底，其次是内外壁、口沿内外侧，往往施一道弦线或一周花纹带。图案具有对称性，刻划线条流畅奔放，形象生动，栩栩如生，别有一番诗情画意。有不少碗、盘等器的残片，圈足与器底有明显的黏结痕，由原来的挖足修整变为分段制作，然后黏结而成。在遗存中出现大量夹沙耐火土匣钵和单件装烧器，器物装烧全部采用垫圈间隔，器底的泥点痕由松子状变成长条形。不见瓷质匣钵和多件装烧器。

北宋中期 虽处在繁荣阶段，但制作工艺已停滞不前，并有衰退的迹象出现。纤细划花继续流行，同时大量出现刻划花，成为这一时期的主要特征。刻划花纹有对称双蝶、对称鹦鹉、缠枝花、折枝花、莲瓣纹、花鸟纹、波涛纹、牡丹花、荷叶纹、摩羯纹等。器物的造型、釉色及装烧工艺与上期相同，但制作的精细程度稍逊色。

北宋晚期　是越窑的衰落时期。这一时期，越窑的中心产地只有10余处窑址，其他地区的窑址也寥寥无几，生产规模大大缩小，产品质量急剧下降。胎的烧结致密，有小气孔；釉色灰暗，多数无光泽感；刻划花趋于草率；器表不光洁，制作粗糙。器型以高圈足碗为大宗，圈足出现外高内浅的现象，高度大多在1.5厘米左右，最高的达到2厘米。盘、盒等器的撇足较上期略矮，新出现了双线纹，把碗、盘的内壁，壶的腹部分成六等分。印花大量出现，主要印在壶耳、杯内底和盒盖上。器物烧成采用匣钵和明火叠烧两种，明火叠烧器的质量更加粗劣。

4. 秘色瓷

唐朝是我国历史上繁荣昌盛的时期，各类手工业得到了蓬勃发展，瓷业生产也出现了前所未有的繁荣景象。越窑经过唐代早期的发展，至晚唐时形成了一个划时代的历史高峰。在这个历史高峰中最杰出的成就是烧制出精美绝伦的"秘色瓷"。

秘色瓷的高雅品质博得了朝野的青睐，许多文人学士对其胎骨、釉色、造型给予了尽情地赞美。如顾况的"越泥似玉之瓯"，陆龟蒙的"九秋风露越窑开，夺得千峰翠色来"，季南金的"听得松风并涧水，急呼缥色绿瓷杯"，孟郊的"蒙茗玉花尽，越瓯荷叶空"，皮日休的"圆似月魂坠，轻如云魄起"，徐夤的"捩翠融青瑞色新，陶成先得贡吾君；巧剜明月染春水，轻旋薄冰盛绿云"等等。

五代时期，中原地区政权更迭，战事不绝，而割据江浙一带的吴越国，受战事影响较少，社会相对比较安定，加上统治者重视农业发展，社会经济得到一时的发展。瓷业生产在唐代的基础上继续发展，产品质量独步天下。钱氏统治者为了保全一隅江山，便以秘色瓷等大量方物向中原朝廷进贡。北宋立国后，如履薄冰的吴越政权不惜倾其国力以事北宋。据《宋两朝贡奉录》记载，仅钱弘俶向北宋进贡的"金银饰陶器"就达14万多件，都是越窑秘色瓷，数量大得惊人。随着贡瓷的剧增，上林湖及周围的白洋湖、古银锭湖诸窑群生产的秘色瓷不能满足其需要，就在上林湖窑场以外的鄞县东钱湖、上虞窑寺前等地开辟窑场，扩大生产规模，瓷业生产达到空前的繁荣。

吴越国灭亡后，秘色瓷的产量逐渐下降，贡瓷方式由原来的特贡变为土贡。自北宋中期开始，越窑走向衰落，产品质量下降，生产规模缩小，秘色瓷退出了其作为贡瓷的历史舞台。

"秘色"之词，最早见于唐陆龟蒙的《秘色越器》："九秋风露越窑开，夺得千峰翠色来。"这里指明了秘色瓷的釉色和窑口。据《余姚县志》引嘉靖志载，秘色瓷"初出上林湖，唐宋时置官监窑，寻废"，指出了"秘色瓷"的产地。

随着考古工作的不断开展，各地出土了唐至北宋时期的越窑精品——秘色瓷。如浙江临安水邱氏墓（901年）、陕西扶风法门寺塔地宫（874年）、临安板桥五代墓、苏州七子山五代吴越贵族墓、临安五代吴越国

康陵（939年）、北京八宝山辽韩佚墓（995年）、河南巩县元德李后陵（1000年）、内蒙古哲盟辽陈国公主驸马合葬墓（1018年）等出土了许多秘色瓷，器型有碗、盘、罐、壶、罂、灯、盒、净水瓶、盆、钵、洗、釜、炉、托等；釉色以青和青绿为主，还有青灰、青黄，釉层晶莹滋润，刻划花纹有龙纹、云纹、云鹤纹、缠枝纹、菊花纹、双蝶纹、鹦鹉纹、人物纹等，还有褐色彩绘和金银饰。刻划线条娴熟纤细，形象生动逼真。上述的秘色瓷器，在上林湖唐至北宋窑址中都有相同器形的残片发现，可见为上林湖窑址所烧制。

在上林湖及周边的白洋湖、古银锭湖晚唐、五代时期窑址中，大量出现用瓷器胎泥制作的瓷质窑具，有匣钵、匣钵盖和间隔具。匣钵的种类较多，大小成套。其口沿外侧涂一层厚釉，釉层中有小而密的小气泡。从采集的标本观察，其装烧方法是：在匣钵内底放一件间隔具，其上再放坯件，这样层层垒叠成匣钵柱，并在匣钵口叠接处涂一层厚釉，在密封状态下进行焙烧，烧成后，需敲破匣钵取出器物，成为一次性匣钵（图23、图24）。如此装烧工艺，体现其不惜工本，追求高质量、高品位产品的生产目的。而这类瓷质窑具应该是装烧秘色瓷的。

在历年来的考古调查中，我们发现上林湖晚唐至北宋时期越窑遗址中都有精粗之别，同窑合烧两种产品，而精致的产品与墓葬出土的秘色瓷相一致，因此，秘色瓷不是某处窑址所特有的产品，而是由上林湖越窑整个群体所烧

图23.瓷质匣钵（唐）

图24.瓷质匣钵单件装烧（唐）

制，它是越窑青瓷中的精品。

5．越窑贡瓷制度

①文献记载越窑贡瓷

从文献记载来看，越窑青瓷作为贡瓷始于唐代长庆年间（821－824年）[1]，一直延续到南宋。现将具体资料列于表三。

②有关墓葬出土的贡瓷

唐宋时期，朝廷和宫廷用瓷主要来自各地的贡奉，因此，帝王及家族墓出土的越窑青瓷、名宦重臣和他们的家属墓出土的越窑青瓷、辽皇族、重臣墓出土的越窑青瓷，都可纳入贡瓷的范围[2]。现将有关出土资料列于表四。

表三

进贡年代	文献内容	文献出处
唐长庆年间 （821－824年）	"越州，土贡：宝花、花纹等罗……瓷器，纸，笔。"	《新唐书》卷三十九《志》第二十九《地理》三、卷四十一《志》第三十一《地理》五，中华书局点校本。
宝大元年（924年）秋九月	"王遣使钱询贡唐方物：……秘色瓷器……"	《十国春秋》卷七十八《吴越·武肃王世家》。
清泰二年（935年）九月	"王贡唐……金棱秘色瓷器二百事。"	《十国春秋》卷七十九《吴越·文穆王世家》。
天福六年（941年）十月	"吴越王钱元瓘进……金银棱瓷器……"	《册府元龟》卷一六九《纳贡献》。
天福七年（942年）十一月	"王遣使贡晋……秘色瓷器……"	《十国春秋》卷八十《吴越·忠献王世家》。
乾祐二年（949年）十一月	"王遣判官贡汉……秘色瓷器……"	《十国春秋》卷八十一《吴越·忠懿王世家》。
广顺二年（952年）十一月	"两浙钱弘俶遣判官贡奉……秘色瓷器……"	《册府元龟》卷一六九《纳贡献》。
广顺三年（953年）十一月	"两浙钱弘俶贡谢恩……瓷器……"	《册府元龟》卷一六九《纳贡献》。
乾德四年（966年）	"惟治又献……钿金瓷器万事……"	《宋史》卷四百八十《吴越钱氏》。
开宝二年（969年）秋八月	"王贡秘色瓷器于宋。"	《十国春秋》卷八十二《吴越·忠懿王世家》。
开宝六年（973年）二月十二日	"两浙节度使钱惟濬进……金棱秘色瓷器百五十事。"	《宋会要辑稿》第一百九十九册《蕃夷七》。
开宝九年（976年）六月四日	"明州节度使惟治进……瓷器万一千事，内千事银棱。"	《宋会要辑稿》第一百九十九册《蕃夷七》。
太平兴国二年（977年）三月三日	"俶进……银涂金钿越器二百事……"	《宋会要辑稿》第一百九十九册《蕃夷七》。
太平兴国三年（978年）四月二日	"俶进……瓷器五万事……金扣瓷器百五十事。"	《宋会要辑稿》第一百九十九册《蕃夷七》。
太平兴国八年（983年）八月二十四日	"王遣世子惟濬贡上……金银陶器五百事……"	《吴越备史》卷四，四部丛刊续编本。
熙宁元年（1068年）十二月	"尚书户部上诸道府土产贡物……越州……秘色瓷器五十事。"	《宋会要辑稿》第一百四十二册《食货》四一。

---

[1] 王永兴：《唐代土贡资料系年——唐代土贡研究之一》，《北京大学学报》，1982年第4期。
[2] 郑建华：《越窑贡瓷与相关问题》，《纪念浙江省文物考古研究所建所二十周年论文集》，浙江省文物考古研究所编，西泠印社，1999版。

元丰年间	"越州会稽郡……土贡瓷器五十事。"	《元丰九域志》卷五《两浙路》中华书局点校本，1984年。
太平兴国后期	"越州土产:绯纱、瓷器、越绫（以上贡）、甘橘、甘蔗、葛根、交棱白。"	宋本《太平寰宇记》卷九六。
绍兴元年（1131年）四月三日	"太常寺言……：一、祀天并配位用匏爵陶器，乞令太常寺具数下越州制造，仍乞依见今竹木祭器样制烧造。"	《中兴礼书》卷五九《明堂祭器》。
绍兴四年（1134年）四月二十七日	"工部言，据太常寺申，契勘今来明堂大礼，五配四位，合用陶器，已降指挥下绍兴府余姚县烧造。"	《中兴礼书》第五九《明堂祭器》。

表四

墓主	出土越窑青瓷	同出越窑"官"款瓷器	年　代	注释
钱宽（钱镠之父）	碗、盆、罐等		唐光化三年（900年）	[3]
水邱氏（钱镠之母）	碗、盒、褐彩灯、炉、罂、罐、坛等		唐天复元年（901年）	[4]
吴随口君（王国功臣，外戚）	碗、盆、钵、罐、釜形器、褐彩盖组等	"官"款越窑青瓷罐	五代早期	[5]
马王后（文穆王钱元瓘之妻）	碗、盘、杯、盏托、委角套盒、粉盒、罐、唾盂等		后晋天福四年（939年）	[6]
钱元瓘（文穆王）	委角套盒、执壶、浮雕龙纹罂等		后晋天福七年（942年）	[7]
吴汉月（文穆王次妃）	执壶等		后周广顺二年（952年）	[8]
钱元玩（文穆王之弟）	碟、洗、巨型缸等		五代晚期	[9]
广陵郡王钱元璙系贵族	金扣碗、盆、委角套盒等		吴越末期	[10]
耶律羽之	葵口碗、平口碗、四系罐		会同五年（942年）	[11]
赵德钧	莲瓣纹碗		应历八年（958年）	[12]
萧屈列	碗、盏、碟等		应历九年（959年）	[13]、[14]

[3] 浙江省博物馆等：《浙江临安唐钱宽墓出土天文图及"官"款白瓷》，《文物》1979年，第12期。

[4] 明堂山考古队：《临安县唐水邱氏墓发掘报告》，《浙江省文物考古所学刊》，文物出版社，1981年版。

[5] 浙江省文物管理委员会：《浙江临安板桥五代墓》，《文物》，1975年第8期。

[6] 杭州市文物考古所：《浙江临安五代吴越国康陵发掘简报》，《文物》，2000年2期。

[7]、[9] 浙江省文物管理委员会：《杭州·临安五代墓中的天文图和秘色瓷》，《考古》，1975年第3期。

[8] 浙江省文物管理委员会等：《杭州郊区施家山古墓发掘报告》，《杭州师范学院学报》，1960年第1期。

[10] 苏州市文管会等：《江苏七子山五代墓出土陶俑瓷器》，《文物》，1981年第2期。

[11] 内蒙古考古研究所：《辽耶律羽之墓发掘简报》，《文物》，1996年第1期。

[12] 北京市文物工作队：《北京南郊辽赵德均墓》，《考古》，1962年第5期。

[13] 前热河省博物馆筹备组：《赤峰县大营子辽墓发掘报告》，《考古学报》，1956年第3期。

[14] 金毓黻：《辽国驸马赠卫国王墓志铭考证》，《考古学报》，1956年第3期。

韩佚	人物纹执壶、鹦鹉纹碗、盏托、盏等		统和十三年（995年）	[15]
太宗元德李后	划花碗、龙纹卧足盘、云鹤纹套盒等		咸平三年（1000年）	[16]
陈国公主驸马	蝴蝶纹盘、菊花纹盘	菊花纹盘外底"官"字款	开泰七年（1018年）	[17]
辽贵族耿氏家族墓（M3）	渣斗、花口碗、温碗、杯、注壶、盏托		北宋早期	[18]
冯京夫妇	莲瓣纹碗		绍圣元年（1094年）	[19]

③其他出土的贡瓷

陕西扶风法门寺唐代地宫出土14件越窑青瓷，其中13件为碗、盘，1件为八棱瓶。与其同出的《监送真身使应从重真寺随真身供养道具及恩赐金银宝器衣物帐》碑记载13件碗、盘是"秘色瓷"，系唐懿宗所赐，这批越窑青瓷的年代应在咸通十四年（873年）[20]以前，属贡瓷无疑。

1980年以来，杭州临安城出土了大量的越窑青瓷，器型有碗、盘、瓶、碟、花盆、觚、炉、盒、罐、钵等，釉色多为青绿色，釉层均匀、滋润，普遍装饰刻划花，花纹有荷花、牡丹花、缠枝花、兰草花、莲瓣纹、龙纹、水波纹、鱼纹、人物牡丹纹、菊花纹等；有的器底刻有："御厨"、"进"、"甲申殿"、"慈宁"、"德寿"等铭文，这些越瓷器是南宋宫廷用瓷[21]。

④贡瓷制度

《新唐书·食货志》载："州府岁市土所出为贡，其价视绢之上下，无过五十匹。异物、滋味、名马、鹰犬，非诏不献，有加配，则以代租赋[22]。"由此可见，唐代的贡物是各州府出钱从市场上购得，其值超过50匹绢的价值时，可抵充其应上缴朝廷的租赋。

《通典·食货（六）》载："开元八年二月，制曰：'顷者以庸调无凭，好恶须准，故遣作样，以颁诸州，令其好不得过精，恶不得过滥。任土作贡，防源斯在。而诸州送物，作巧生端，苟欲副于斤两，遂则加其丈尺，有至五丈为匹者，理其不然。阔尺八寸，长四丈，同文共轨，其事久行。立样之时，已载此数。……'"[23]可见，这"作样"、"立样"应是朝廷征收赋税的质量标准。唐中期，越瓷已列入州府土贡的方物，而这些贡瓷是州府按照朝廷的有关质量标准从市场上购得，或向越窑窑场收购而得。

1977年上林湖吴家溪出土一件唐光启三年（887年）凌偁墓志罐，志文中有"府君凌偁……中和五年岁在乙巳三月五日，终于明州慈溪县上林乡石仁里石贵保。……光启三年岁在丁未二月五日，殡于当保贡窑之北山……"[24]。说明晚唐时期上林湖有"贡窑"存在。唐代土贡制度下，往往有世袭其业的"特定的贡户"，"诸州上贡品"是"特定的贡户生产

[15] 北京市文物工作队：《辽韩佚墓发掘报告》，《考古学报》，1984年第3期。

[16] 河南省文物研究所等：《宋太宗元德李后陵发掘报告》，《华夏考古》，1988年第3期。

[17] 内蒙古考古研究所：《辽陈国公主驸马合葬墓发掘简报》，《文物》，1987年第11期。

[18] 朝阳博物馆等：《辽宁朝阳市姑营辽代耿氏家族3、4号墓发掘简报》，《考古》，2011年第8期。

[19] 河南省文物研究所：《密县五虎庙北宋冯京夫妇合葬墓》，《中原文物》，1987年第4期。

[20] 陕西省法门寺考古队：《扶风法门寺塔唐代地宫发掘简报》，《文物》，1988年第10期。

[21] 金志伟等：《南宋宫廷所用越瓷的几个问题》，《浙江省文物考古研究所学刊》第五辑，杭州出版社，2002年版。

[22] 《新唐书》卷五十一《食货志（一）》。

[23] 《通典》卷六《食货》六赋税下。

[24] 阮平尔：《唐光启三年瓷质罐形墓志及相关问题讨论》，《东南文化》，1989年第2期。

的，最少，贡物中的特殊物品是如此"[25]。州府在收购贡瓷时，选择一个或几个规模较大，技术力量雄厚，产品质量高的越窑窑场，作为贡瓷的特定贡户，是顺理成章的。因此，上林湖贡窑，就是有贡瓷任务的特定贡户的窑场，"贡窑"之名是当地人对这些窑场的俗称[26]。

1987年上林湖荷花芯窑址（编号为C上Y37）出土了一件瓷质垫圈，外壁刻划一周铭文："美头人鲍五郎者用烧官物不得滥将恶用"[27]。1995年上半年，对C上Y37进行发掘，该窑烧造的年代定在9世纪初至10世纪初[28]。1996年初我们在调查上林湖窑址时，C上Y51甲、C上Y37堆积层中均有出土垫圈[29]。在C上Y37窑址中还发现了一件晚唐时期的垫圈与熏炉外底粘连一起的标本（图25）。这种熏炉在窑址中常有见到，子母口，直腹，圈足外撇，装烧时，垫圈置于坯件的外底，再用泥点间隔（图26、26-1）。从现有的考古调查资料来看，上林湖唐代窑址出土垫圈的实物非常少见，但是，越窑至迟在晚唐时期开始使用垫圈装烧器物

的工艺技术是不容置疑的。根据C上Y37烧造年代和其他唐代窑址出土垫圈情况综合考虑，我们把"用烧官物"垫圈的年代定在晚唐时期，应该不会有出入。垫圈的铭文，有三个方面的信息，值得我们注意。其一，表明垫圈支烧的是官物瓷器，而不是一般商品瓷，刻划铭文是便于识别，避免与其他产品相混淆。其次，被垫圈支烧的器物，在焙烧前已明确为"官物瓷器"。说明贡户在接到官府任务后，按照官府的质量要求烧制的。其三，贡户的窑场非官营的，应是民

图25.垫圈（唐代）

图26.熏炉（唐代）

图26-1.熏炉（唐代）

[25] 王永兴：《唐代土贡资料系年——唐代土贡研究之一》，《北京大学学报》，1982年第4期。

[26] 郑建华：《越窑贡瓷与相关问题》，《纪念浙江省文物考古研究所建所二十周年论文集》，浙江省文物考古研究所编，西泠印社，1999版。

[27] 慈溪市博物馆：《上林湖越窑》附录一《越窑刻划文字》，科学出版社，2002年10月。

[28] 浙江省文物考古研究所等：《慈溪上林湖荷花芯窑址发掘简报》，《文物》，2003年第11期。

[29] 慈溪市博物馆：《上林湖越窑》第2章第3节，科学出版社，2002年10月。

图27."寄烧坊"铭文盘残片（北宋）

图27-1."寄烧坊"铭文盘内底花纹（北宋）

窑。因此，鲍五郎的窑场，很可能是有贡瓷生产任务的特定贡户。

在绍兴越国文化博物馆二层展厅陈列一件太平兴国二年（977年）食瓶盖，刻划"上林乡闻陆保俞仁福为耶卅九郎去太平兴国二年岁次丁丑其年闰七月六月十六日在新窑官坊造此食瓶盖，欲求无管系"的铭文，证明吴越国在上林湖设有官营作坊。官营作坊始设于何时，由于资料缺乏，一时无从考证。官营作坊是否可以称为"官窑"，这个问题值得我们探讨。唐代晚期，越窑的生产组织结构发生了变化，原有制坯、烧窑一体化的生产组织结构开始瓦解，分工更加细化，逐渐成为专门从事制作瓷坯的作坊和从事烧窑的，我们分别称之为坯户和窑户[30]。这样的分化有两方面的优

点：一方面，分工更加专业化，便于管理；另一方面，分工前，一个窑烧制瓷器，先制瓷坯，达到一定数量，即一窑的量后，才能进窑焙烧，这样烧一窑的生产周期较长，年产量低，获利也少。分工后，几个坯户制作的瓷坯多可以到某一个窑户去焙烧，形成一个相对固定的生产关系。这样一来，烧窑的周期缩短，生产效率提高，年产量增多，获利也多。

在浙江中立古陶瓷博物馆藏有一件刻划"寄烧坊"铭文盘残片，釉色青绿，外壁刻莲瓣纹，卧足底，内底划牡丹纹，外底刻划"寄烧坊"铭文，并有条形泥点支烧痕（图27、27-1）。从釉色、造型、刻划纹饰和装烧工艺来看，该盘的年代为五代晚期北宋早期。"寄烧

坊"应该是专门从事烧窑的窑户，说明北宋时期还在继续沿用唐代坯户、窑户的生产经营模式。

"新窑"是对旧窑而言，或指新建不久的窑；如果指代官营的窑，那么，应称之"新官窑"，而非"新窑"。因此，"新窑"的性质是民窑，而非官营的窑。"新窑"、"官坊"指代的是两个不同的实体，一为烧窑的窑户，一为制作瓷坯的官营作坊，即坯户。如果"新窑"、"官坊"指的是同一个实体，那么在"官坊"前面再加"新窑"二字既无意义，也不符合五代、北宋时期坯户和窑户独立经营模式。也就是说这件食瓶盖，由官坊制成瓷坯，在新窑烧成。

五代时期，吴越国对中原君主贡奉不断，越窑青瓷是贡品中重

---

[30] 徐定宝主编：《越窑青瓷文化史》第3编第1章第2节，人民出版社，2001年版。

要的一个门类，贡瓷的数量不断增多，再加宫廷用瓷及官府对瓷器的需要量急遽增加，质量要求也更高，为保证贡瓷质量和数量，官府设置官营作坊，成了必然的选择。"官坊"的职责，主要是完成官府交代的贡瓷生产任务，因此，"官坊"不能称为"官窑"。

宋《嘉泰会稽志》记载：（上虞县）"广教院，在县西四十里。开宝四年，有僧筑庵山下，镇国军节度使口事治因建为寺，易为保安，治平三年，赐今额。国初尝置官窑三十六所于此，有官院故址尚存"[31]。明万历《上虞县志》记载："广教寺，县西南三十里，昔置官窑三十六所，有官院故址。宋开宝四年，有僧筑庵山下，为陶人所祷，华州节度使钱惟治创建为寺，名保安。至治平三年改今额，俗仍呼窑寺。"[32]对"官窑"三十六所记载，学者有不同看法。我们认为，此"官窑"理解为"官坊"，而将"官院"理解为监管"官坊"的"官署"，是否更恰当？

据史记载，从乾德四年到太平兴国三年时，贡宋的越窑青瓷急剧增加至万余事和五万余事。宋《两朝贡奉录》载吴越王钱弘俶所贡"金银饰陶器一十四万余事"。可见，仅靠上林湖窑场来完成如此巨大的贡瓷任务是不太可能的。为了扩大产量，保证贡瓷质量和数量，在上林湖窑场之外的区域开辟新窑场，成为必然的选择。上虞窑寺前窑址，规模宏大，堆积丰厚，产品丰富，器物造型、装饰与上林湖五代、北宋时期的制品基本一致。因此，在上虞窑寺前置三十六所"官坊"，设监管"官坊"的机构是完全可能的。

《曲阳县志》记载五代后周显德四年（957年）五子山院和尚舍利塔记碑，立碑人"使押衙银青光禄大夫检校太子宾客殿中侍御史充龙泉镇使钤辖瓷窑商税务使冯翱"。[33]这说明，后周至迟在957年已设有"瓷窑商税务"管理机构。慈溪一藏家收藏的一件开宝三年（970年）俞氏府君勾押墓志罐，志文中有"……父讳卿，祖儒，曾祖继，代效省瓷窑之职，……府君充省瓷窑都勾押之行首也。府君乃育男四人，……次曰从皓，充瓷窑勾押，娶于副使女蔡氏。……"[34]等字，根据五代时期类似机构的命名规律，"省瓷窑"应是"省瓷窑务"，

"副使"当是省瓷窑务副使。从志文来看，祖孙四代都在省瓷窑务任都勾押官、勾押官等职，可见"省瓷窑务"设立的时间较长。"省瓷窑务"职能应是征收赋税及瓷窑生产管理，也不排除有征收贡瓷的职能，前面所述的"官坊"是否也有可能隶属于"省瓷窑务"。

吴越时期，越窑瓷业生产在唐代的基础上得到了进一步发展，形成了以上林湖为中心，鄞县东钱湖，上虞窑寺前三大越窑遗址群落，成为越窑瓷业生产历史上最繁盛时期。吴越朝廷为了加强对越窑瓷业生产监管和瓷业税的征收，设置受朝廷直接控制的瓷窑管理机构——"省瓷窑务"是情理之中的。

宋立国后，为戒五代藩镇擅留财赋之弊，"稍命文臣权知，间遣京朝官廷臣监临"[35]。吴越归宋后，宋廷随即派殿前承旨赵仁济监越州瓷窑务[36]，全面接管"省瓷窑务"，其主要任务是征收瓷窑商税及瓷窑生产管理。

慈溪博物馆藏有一件上林湖皮刀山窑址（C上Y43）出土的刻划铭文卧足盘，盘仅残存下腹与底部，内底壁刻划摩羯水波纹，外底留有泥条支

[31] 宋《嘉泰会稽志》卷八《寺院》"上虞县"。

[32] 明万历《上虞县志》卷二十《丛林志·寺》。

[33] 引自中国硅酸盐学会编《中国陶瓷史》第6章第1节。

[34] 闻长庆著：《不该遗忘的浙江制瓷史》，文物出版社，2010年11月。

[35] (宋)李焘：《续资治通鉴长编》卷六《太祖乾德三年三月》条，中华书局点校本。

[36] (宋)周密：《志雅堂杂钞》卷上《诸玩》，《粤雅堂丛书》初编第1集。

烧痕。釉色青黄，外壁残存铭文共三行："上林窑圊"、"年之内一窑之民圊于监"、"囧代窑民"；外底刻划"其灶口"三字（图28、28-1）。根据盘的造型、装饰工艺及装烧技法，该盘的年代当为北宋中期。从铭文来看，是官府或监窑官向窑民交代事宜。这件残盘应该是目前唯一反映北宋时上林湖窑场处在"置官监窑"之下的实物证据。

历年来上林湖越窑遗址出土了8件刻划"官"、"官样"款标本，其中，浙江省文物考古研究所藏4件，均为"官样"款，3件出土于上林湖马溪滩窑址（C上Y30），1件出土于上林湖菱白湾窑址（C上Y21）[37]；慈溪市博物馆藏4件，其中，上林湖马溪滩窑址（C上Y30）、后施岙窑址（C上Y65）分别出土"官"、"官样"款各1件[38]。从器物型制、刻划纹饰及装烧工艺看，这8件"官"、"官样"款标本年代为北宋早中期。"官"、"官样"款瓷器除上林湖窑址出土外，在临安板桥五代早期墓出土的双系罐肩部刻划"官"字款[39]，辽开泰七年（1018年）陈国公主墓出土一件菊花纹盘，外底刻划"官"字款[40]。对于"官"、"官样"款涵义，上世纪末就有学者论述：不具式样之意，也就不具贡瓷之样，而是征收瓷器商税的质量标准[41]。

北宋官物是按科率、和买、抽税诸法来征办的。《文献通考》卷二〇"市籴一"记载："国初，凡官所需物，多有司下诸州，从风土所宜及民产厚薄而率买，谓之科率。"《宋会要辑稿》刑法二之四二载："〔元符二年〕闰九月十二日，诏诸供官之物，转运司豫计置钱，令本州于出产处置场比市价量添钱和买，亦许先一年召保请钱认数中买。即辄抛价下县收买及造制物色者，并以违制论。"《宋史》卷一八六《食货志下〔八〕》"商税"条载："常税名物，令有司件析颁行天下，揭于版，置官署屋壁，俾其遵守……有官须者十取其一，谓之抽税。"由此可见，北宋中期以前官物中的越窑贡瓷，按官府认可的质量标准进行生产，官府通过征敛的方法获取的。"官"、"官样"款瓷器出现的下限年代为北宋中

图28.卧足盘残片（北宋）

图28-1.卧足盘残片花纹（北宋）

[37] 浙江省文物考古研究所编：《浙江考古精华》，《文物出版社》1999年版。
[38] 慈溪市博物馆：《上林湖越窑》第5章第3节，科学出版社，2002年版。
[39] 浙江省文物管理委员会：《浙江临安板桥五代墓》，《文物》，1975年第8期。
[40] 内蒙古考古研究所：《辽陈国公主驸马合葬墓发掘简报》，《文物》，1987年第11期。
[41] 郑建华：《越窑贡瓷与相关问题》，《纪念浙江省文物考古研究所建所二十周年论文集》，浙江省文物考古研究所编，西泠印社，1999版。

期，未见晚期"官样"铭款，可能与赋税制度有关。元符二年（1099年）以后，官物基本上是官府从一般商品中收购，瓷器也当不例外。"官"、"官样"款瓷器作为官府制定的赋税质量标准样器，也就没有存在的必要了[42]。

南宋时期的越州贡瓷，《中兴礼记》记载，南宋高宗绍兴元年、绍兴四年朝廷曾先后命越州和绍兴府余姚县"依今见竹木祭器样制烧造"明堂祭器[43]。足见有严格的质量要求和式样标准。也就是说，祭祀用器要依"样制"烧造。此"样"制与彼"官样"是完全不同的，唯此才是"禁廷制样须索"制度在越窑贡瓷历史上的真实写照。

1998年、1999年，浙江省文物考古研究所、北京大学考古学系和慈溪市文管会办公室三个单位联合对慈溪市匡堰镇寺龙口窑址进行二次发掘。在南宋早期地层中出土了一件钵形匣钵，外底刻划"官"字[44]。此"官"款涵义应与"美头人鲍五郎者用烧官物不得滥将恶用"中的"官物"相同。说明该窑在南宋早期曾烧造宫廷用瓷，其窑的性质是民窑。

综上所述，唐至南宋时期，越窑贡瓷制度的演进，大致经历了"贡窑"—"官坊"——"官样"——"禁廷制样须索"这样一个历史过程。

（三）后越窑——"低岭头类型"

"以往曾分别称谓的"早期越窑"、"唐宋越州窑"、"南宋余姚窑"的各自面貌和内涵特质，表明它们是属于不同历史时期的三个瓷业文化遗存；其遗存先后时序构成前后关联的文化序列，但它们并不是同一瓷窑文化发展过程中所形成的三个阶段形式。因此，我曾在《论"越窑"和"越窑体系"》一文中，按考古学的通则，又考虑到约定俗成的习惯，把这个文化序列表达成先越窑－越窑－后越窑"[45]。

1. 瓷窑址调查及考古发掘

1982年上半年，浙江省考古所、宁波市文管办、慈溪县文管办联合组织有关人员，对上林湖及周边的古银锭湖、白洋湖等地进行瓷窑址专题调查。在彭东乡邵岙村低岭头、乾炳村（现为匡堰镇游源村）开刀山等地窑址中，发现有两种不同类型的青瓷制品，一种为越窑青釉制品，另一种为乳浊釉制品。同年下半年，第二次全国文物普查工作中，对彭东乡古银锭湖一带的37处瓷业遗存进行统一编号，其烧造年代从东晋开始，一直延续到宋。其中，包含上述两种不同制品类型的窑址有8处，它们分布在低岭头（彭Y13）、寺龙口（彭Y14）、福昌寺（彭Y20）、张家地（彭Y22）、开刀山（彭Y23、彭Y24、彭Y25、彭

Y26）一带，面积不足2平方公里，分布范围较小，而且比较集中。1984年下半年和1985年上半年浙江省博物馆张翔二次到古银锭湖窑区低岭头、开刀山等地进行调查。并在1986年全国古陶瓷年会上，提交了《南宋余姚窑窑址的发现——记低岭头类型古窑址调查》论文，在文中把低岭头、开刀山一带两种不同类型制品共存的窑址命名为"低岭头类型"。1990年，浙江省文物考古研究所、慈溪市文管办联合对上林湖库区及周边的白洋湖、杜湖、古银锭湖窑址进行调查，同时对低岭头窑址（彭Y13）进行二次探沟试掘，获得了该窑址二叠层堆积层位关系资料。1998年、1999年下半年，浙江省文物考古研究所、北京大学考古学系、慈溪市文管办联合对寺龙口窑址（彭Y14）进行二次考古发掘，揭示出晚唐、五代、北宋至南宋早期的堆积层位依次叠压关系，出土了大量的实物标本和作坊遗迹，为开展越窑考古的地层编年序列和考古分期研究提供了坚实的考古学依据；进一步验证了调查试掘中发现的"低岭头类型"遗址的内涵特征；同时印证了"低岭头类型"窑址，在南宋初承烧过朝廷祭祀器和宫廷生活用瓷。

2. "低岭头类型"的文化内涵

以古代瓷业遗存为自身研究对象的瓷窑址考古，是中国考古学特有的学科分支。一般地说来，瓷业制品及其制品的类型特征，与当地制瓷原

---

[42] 王光尧著《中国古代官窑制度》、《关于越窑瓷器所见"官样"铭的思考》，《紫禁城出版社》2004年版。

[43] 《中兴礼书》第五九《明堂祭器》。

[44] 浙江省文物考古研究所等：《寺龙口越窑址》第5章第2节。

[45] 慈溪市博物馆：《上林湖越窑》序，科学出版社，2002年10月。

图29.莲瓣纹碗（南宋）　　　图30.牡丹纹碗（南宋）　　　图31.摩羯纹盏（南宋）

图32.盘（南宋）　　　　　　图33.盘（南宋）　　　　　　图34.缠枝牡丹纹碟（南宋）

料的矿物结构和胎釉配方的化学组成密切相关，采用不同的制作工艺技术和窑业烧成制度，也必然会导致瓷器制品内在本质与外观效果的变化；而作为在特定历史条件下形成的社会性产品，其自身又无不留下时代的刻痕和社会的印记。因此，古代瓷业遗存与其他任何一种考古学遗存一样，都应视为物质文化、制度文化和观念文化三个层面结合而成的有机整体。假如我们想要探索某一瓷业文化演进过程中自身的脉络与合乎逻辑的轨迹，就必须做到不是从观念出发来解释实践，而是从物质实践出发来解释观念

的东西；不是在每个时代中寻找某种范畴，而是始终站在现实历史的基础上；不是对单件器物的鉴赏，而是把制品类型作为考古研究的基本单元，凭借对制品类型的多层次、多方面、多角度的分析与综合，我们或许有可能去具体地描述这个过程中不同的方面及其相互的作用[46]。

根据古银锭湖低岭头、开刀山一带窑址出土器物的胎、釉、造型、装饰技法及装烧工艺等因素来看，"低岭头类型"包含着传统越窑、北方青瓷风格及类官风格等三种不同类型制品。

①传统越窑制品

出土器型有碗（图29、30）、盏（图31）、盘（图32、33）、碟（图34）、杯、盅（图35、36）、盏托、盒（图37）、水盂、壶（图38、39）、罐、钵、盆（图40）、五管灯（图41、42）、器盖（图43、44）、韩瓶（图45）、砚台等；釉色有青绿、青灰、青黄等，深浅不一，釉层薄而均匀，透明光泽，玻璃质感强，也有相当一部分器物釉色灰暗，无光泽。器表装饰技法有划、刻划兼施、印花等，以刻划居多；刻划题材以植物花卉为主，花纹有荷花纹花鸟纹、

[46] 慈溪市博物馆：《上林湖越窑》序，科学出版社，2002年10月。

图35.杯（南宋）　　　　　　　　　　　　图36.盅（南宋）

图37.牡丹纹盒（南宋）　　　　　　　图38.开光牡丹纹执壶（南宋）

图39.花卉纹执壶（南宋）　　　　图40.盆（南宋）　　　　图41.五管灯（南宋）

图42.莲瓣纹灯（南宋）　　　　图43.器盖（南宋）　　　　图44.莲瓣纹器盖（南宋）

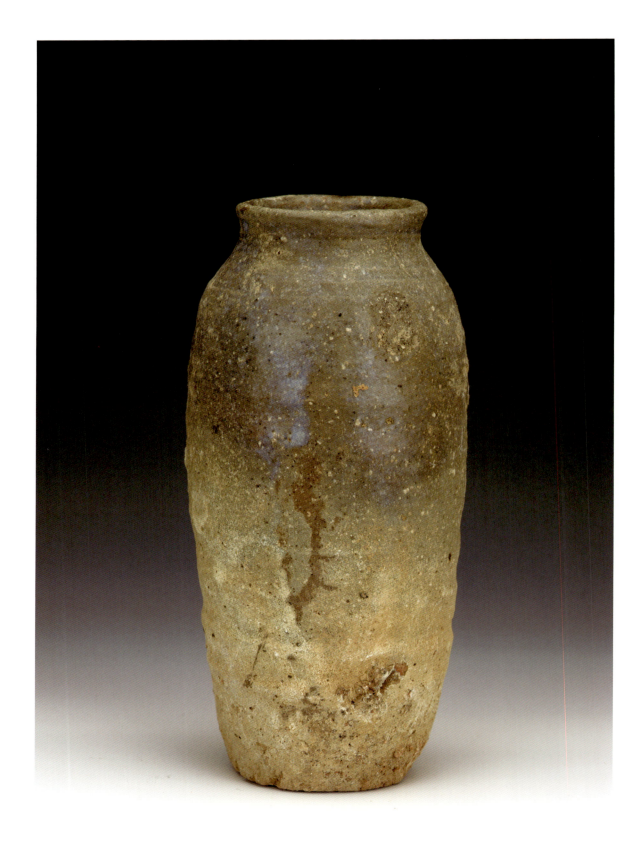

图45.韩瓶（南宋）

图46.开光牡丹纹（南宋）

图47.莲瓣纹（南宋）

图48.莲瓣纹（南宋）

图49.摩羯纹（南宋）

图50.放射直线纹（南宋）

图51.水波纹（南宋）

图52.垫圈（南宋）

牡丹纹（图46）、菊花纹、莲瓣纹（图47、48）、摩羯纹（图49）、放射直线纹（图50）、水波纹（图51）等。装烧的窑具型制与北宋晚期有较大的变化，从总体上来看，趋小、趋薄、趋轻。匣钵以钵形和筒形为主，大小成套，不见M形匣钵，晚唐时期出现的匣钵盖，消失于北宋，到南宋又始重现，还新出现了一种匣钵接圈；垫具以垫圈为主，普遍增高，有大有小，有高有矮，规格繁多（图52）；有的上小下大，呈喇叭状。支具的型制主要有束腰形和直筒形两种。从出土的器物来看，有匣钵单件装烧和明火裸烧两类。明火裸烧的器型有碗、盘、盏、盅等均为多件叠烧，还有韩瓶等大件器。还出现一种直口深腹碗、盘对口合烧，碗口和盘的沿面刮釉一周，不会造成粘连，碗内往往放置一小件器套烧，碗和盘起到了匣钵的作用，在窑址堆积中，这种器物有相当的数量。

②北方青瓷风格制品

北方青瓷风格制品有碗（图53、54、54-1）、盘（图55、55-1）、碟（图56）、盏（图57）、喇叭口瓶（图58、59）、梅瓶（图60）、套瓶（图61、62）、水盂（图63）、器盖（图64、65）等，器表装饰以刻划花为主，也有少量的划花，刻划技法主要有二种，一种为：先以斜刀刻出较宽的轮廓线，再用篦纹填充叶脉（图66）。第二种为：用斜刀刻出宽线条和斜刻宽线条，左侧附划一条细线组合勾出植物花卉纹，或用篦纹填充叶脉（图67、68）。花纹有牡丹纹（图69、70）、莲花纹（图71、72）、兰草纹（图73、74、75）等，刻划技法娴熟，条线流畅，层次分明，立体感强。这些器物除有越窑瓷胎、釉及装烧特征外，其造型和刻划花装饰与汝窑、定窑相同或相似。如寺龙口窑出土的Ba型Ⅶ式盘（T3①a：31）、Bb型Ⅲ式盘（T2①b：57）、A型喇叭口瓶（T4①a：56）、C型Ⅲ式盏（T4①b：18）、C型炉（T3①b：1）腹部刻划的云雷纹[47]，其造型及刻划纹饰在上林湖北宋晚期窑址中所不见，而分别与河南张公巷窑出土的花口折腹盘、板沿平底盘、细颈鼓腹瓶、鼓腹盏、板沿盘沿面刻划的云雷纹[48]相同或相似；Ab型Ⅱ式盘（T6扩②：32）、梅瓶（T4①b：36）、盖（T3①b：18）、纸槌瓶（T2①a：2）[49]分别与宝丰清凉寺汝窑出土的平底碟、梅瓶、杯形器盖、盘口折肩瓶[50]相同或相近；

图53.兰草纹碗（南宋）　　　　图54.缠枝莲花纹碗（南宋）　　　　图54-1.缠枝莲花纹碗（南宋）

图55.曲口兰草纹折腹盘（南宋）　　　图55-1.曲口兰草纹折腹盘（南宋）　　　图58.喇叭口瓶（南宋）

图56.兰草纹碟（南宋）　　　　图57.缠枝莲花纹盏（南宋）　　　　图59.兰草纹瓶（南宋）

[47]、[49] 浙江省文物考古研究所：《寺龙口越窑址》第5章第1节，文物出版社，2002年10月。
[48]、[50] 河南省文物考古研究所：《汝窑与张公巷窑出土瓷器》，科学出版社，2009年1月。

图60.牡丹纹梅瓶（南宋）

图61.套瓶（南宋）

图62.套瓶（南宋）

图63.兰草纹水盂（南宋）

图64.兰草纹器盖（南宋）

图65.兰草纹器盖（南宋）

图66.牡丹纹（南宋）

图67.兰草纹（南宋）

图68.兰草纹（南宋）

图69.牡丹纹（南宋）

图70.牡丹纹（南宋）

图71.莲花纹（南宋）

图72.莲花纹（南宋）

图73.兰草纹（南宋）

图74.兰草纹（南宋）

图75.兰草纹（南宋）

B型Ⅷ式碗（T6扩②：80、T6扩②：79）、Ba型Ⅶ式盘（T3①a：31 、T6扩②：78）[51]与韩国开城出土的定窑刻划纹花口碗、牡丹纹花口盘[52]相似，其刻划的牡丹纹完全一样， Bb型Ⅱ式盘（T6扩③：55）、Ⅲ式碟（T5②b：5、T1②a：11、T8①b：9）、喇叭口瓶（A型T4①a：56）的刻划莲花纹[53]与韩国开城出土的定窑刻划莲花纹花口盘的纹饰[54]一致，刻划的技法完全相同。

另有炉（图76、77、78、79）、钟（图80、81）、觚（图82）、器座（图83、84）等祭祀用瓷，除有越窑青瓷的胎、釉因素外，无越窑的其他特征，确实有别于越窑，很可能与南宋初，朝廷两次命"越州""绍兴府余姚县"烧造明堂祭器有关。

图76.云雷纹兽足炉（南宋）

图77.双耳三足炉（南宋）

图78.回纹兽足炉（南宋）

图79.鼎式炉（南宋）

[51]、[53] 浙江省文物考古研究所：《寺龙口越窑址》第五章第一节，文物出版社，2002年10月。

[52]、[54] 国立韩国中央博物馆：《中国陶瓷》，2007年12月。

图80.钟（南宋）

图81.钟（南宋）

图82.觚（南宋）

图83.镂孔器座（南宋）

图84.瑞兽纹器座（南宋）

③类官风格制品

器型有碗（图85、86）、盘（图87、88）、盏、罐（图89）、洗（图90）、唾盂、水盂、瓶（图91、92、93、94）、炉（图95）、花盆、鸟食罐（图96、97）、樽（图98）、盒、器座等。胎色以灰白居多，与传统越窑一样，但也有少量的胎呈灰色或灰黑；胎可分厚胎和薄胎，以厚胎器为主，有的薄胎厚度达1毫米。器物都施

乳浊釉，釉色有天青、月白、淡青、灰青、米黄等（图99、100、101、102、103、104、105）；釉层有厚薄之分，薄釉为单次上釉，釉呈乳浊半透明状，有的开冰裂纹；厚釉为多次上釉，有二次、三次上釉的，釉层间往往有细密的小气泡，釉面光泽，玉质感强，部分开冰裂纹。器物多为素面，有少量的莲瓣纹。窑具基本上与装烧越窑器相同，所不同的是垫具，

越窑制品的垫具主要是各种各样的垫圈，而官窑风格制品的垫具主要有纺轮形垫饼及支钉（图106）二类。薄釉器主要用支钉垫烧，即在垫圈的一端切几个口子，成锯齿状，然后放在匣钵内底，锯齿朝上，把坯件置于支钉上，再用同样的匣钵覆盖进行焙烧。厚釉器基本上采用垫饼垫烧，即匣钵内底放置垫饼，然后将足端刮釉一周的坯件置于垫饼上，再覆盖一匣钵，

图85.碗（南宋）

图86.碗（南宋）

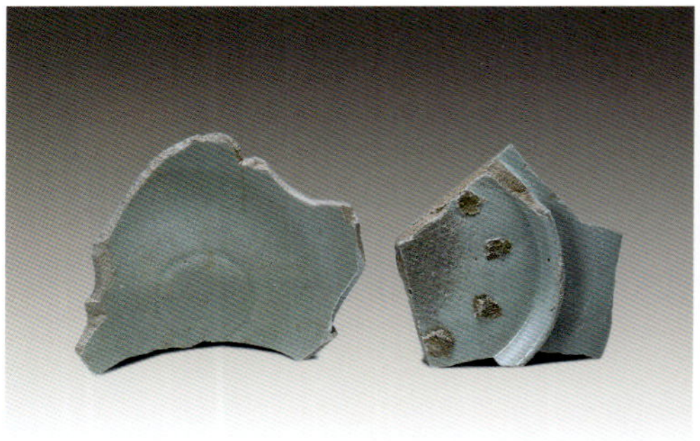

图87.盘（南宋）

图88.盘（南宋）

图89.罐（南宋）

图90.洗（南宋）

图91.瓶（南宋）

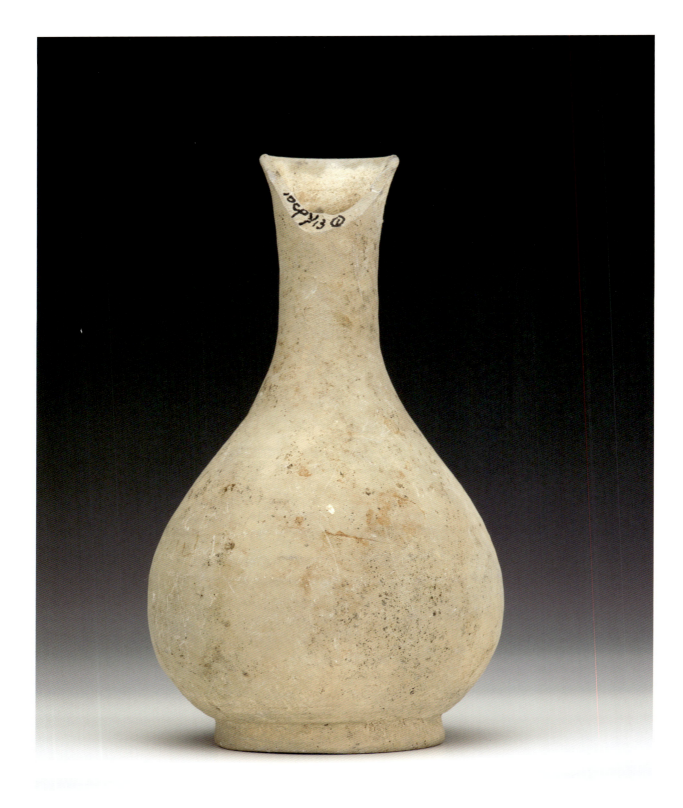

图93.瓶（南宋）

图94.瓶（南宋）

图95.炉（南宋）

图96.鸟食罐（南宋）

图97.鸟食罐（南宋）

图98.樽（南宋）

图99.天青釉（南宋）

图101.天青釉（南宋）

图100.天青釉（南宋）

图102.米黄釉、淡青釉（南宋）

图103.月白釉（南宋）

图104.灰青釉（南宋）

图105.天青釉（南宋）

图106.支钉（南宋）

烧成后，露胎的足端往往会出现暗红色的现象。器物多为单件装烧，也有多件叠烧的，还有小件器放置大件器内进行套烧。这类乳浊釉制品的胎、釉、器型及装烧技术等方面与传统越窑青瓷特征截然不同，且与郊坛下官窑产品比较相似，我们暂且称之为类官风格制品。

虽然这类乳浊釉制品与郊坛下官窑相似，但有的器形及釉色也与汝窑相同。寺龙口窑址（彭Y14）出土的天青釉洗（T4①b：11）、天青釉瓶口残片（T4①b：94）[55]，开刀山窑址（彭Y26）出土的天青釉A型碗（彭Y26：92）、B型瓶（彭Y26：104）[56]口颈部残片分别与清凉寺汝窑出土的Db型天青釉盆（T29③：68）、Ea型瓶（T28③：94）、Fb型碗（C2：747）、Bb型瓶（C2：834）[57]相同或相似；寺龙口窑（彭Y14）B型盘（T3①b：10）[58]、开刀山窑址（彭Y26）A型瓶（彭Y26：101）、B型瓶（彭Y26：104）口颈残片[59]与张公巷窑出土的平底碟、鹅颈瓶、盘口折肩瓶[60]一样。

乳浊釉制品虽与郊坛下官窑、汝窑有相似之处，但是，经标本测试，低岭头乳浊釉灰黑青瓷胎釉微量元素的氧化物平均含量绝对值比郊坛下官窑青瓷高[61]；低岭头类型乳浊釉制品出现的时间为南宋早期[62]，应早于郊坛下官窑，因此，可以排除低岭头类型乳浊釉制品受郊坛下官窑影响之说。去年，我们从低岭头窑址（彭Y13）出土的乳浊釉器中，挑了数件残片，由浙大文物和博物馆学系委托故宫博物院测试。从低岭头窑与清凉寺汝窑乳浊釉标本测试数据相比较，两者化学组成含量是有区别的（见表五）。

表五　低岭头窑与清凉寺窑青瓷釉的化学组成的含量

单位：wt%

编号	代号	窑址	Al_2O_3	SiO_2	K_2O	CaO	TiO_2	MnO	Fe_2O_3
1	12RY01	清凉寺	16.31	56.50	3.27	15.97	0.13	0.30	1.83
2	12 RY 02	清凉寺	15.58	61.51	3.27	12.95	0.19	0.13	2.02
3	11CDY5212	低岭头	12.34	65.75	3.10	13.28	0.12	0.27	1.17
4	11CDY5253	低岭头	11.74	63.90	3.30	13.01	0.12	0.33	0.97
5	11CDY5256	低岭头	13.05	63.82	3.39	13.45	0.12	0.35	0.97
6	11CDY5280	低岭头	11.24	66.57	3.23	12.64	0.16	0.40	1.04
7	11CDY5294	低岭头	11.82	66.73	3.15	13.83	0.10	0.20	0.70

[55]、[58] 浙江省文物考古研究所：《寺龙口越窑址》第5章第1节，文物出版社，2002年10月。

[56] 慈溪市博物馆：《上林湖越窑》第3章第3节，科学出版社，2002年10月。

[57] 河南省文物考古研究所：《宝丰清凉寺汝窑》第4章第2节，大象出版社，2008年9月。

[60] 河南省文物考古研究所：《汝窑与张公巷窑出土瓷器》，科学出版社，2009年1月。

[61] 周少华、梁宝鎏：《从工艺学的角度探讨"越窑"黑胎厚釉青瓷与南宋官窑的关系》，《浙江省文物考古研究所学刊》第五辑，杭州出版社，2002年10月。

[62] 浙江省文物考古研究所等：《寺龙口越窑址》，文物出版社，2002年10月。

续表 单位：wt%

编号	代号	窑址	Ni₂O₃	CnO₂	ZnO	Pb₂O	SrO	Y₂O₃	ZrO₂
1	12RY01	清凉寺	0.0043	0.0110	0.0024	0.0041	0.0168	0.0524	0.0046
2	12 RY 02	清凉寺	0.0036	0.0106	0.0104	0.0082	0.0124	0.0250	0.0049
3	11CDY5212	低岭头	0.0000	0.0054	0.0108	0.0049	0.0170	0.0656	0.0080
4	11CDY5253	低岭头	0.0012	0.0057	0.0052	0.0071	0.0165	0.0686	0.0061
5	11CDY5256	低岭头	0.0017	0.0079	0.0096	0.0097	0.0136	0.0878	0.0078
6	11CDY5280	低岭头	0.0023	0.0059	0.0115	0.0060	0.0160	0.0651	0.0060
7	11CDY5294	低岭头	0.0016	0.0050	0.0127	0.0044	0.0113	0.0751	0.0056

注：清凉寺窑、低岭头窑标本数据为去年故宫博物院测试，由浙大文物与博物馆学系周少华先生提供。

从低岭头窑址（彭Y13）出土的灰胎或灰黑胎厚釉标本来看，这种灰胎、灰黑胎是由高铝原料加配高铁的紫金土制成，即采用二元配方的生产工艺[63]；多次上釉、多次焙烧而成的厚釉工艺，在汝窑甚至北方的其他窑系所不见。如此说来，乳浊釉、二元配方及多次上釉工艺技术是否应该是当地窑工们在长期生产实践中，创造出来的一种新工艺，生产出全新面貌的青瓷制品。

3. "低岭头类型"形成原因

北宋晚期，上林湖越窑的瓷业生产进入低谷状态。产品的原料加工不够精细，胎的烧结不密；釉色灰暗，多数无光泽感，刻划花趋于草率，器表不光洁。单件装烧的器物较为精致，但数量减少，比例明显下降，而多件明火裸烧的粗瓷数量增加。到了南宋初期，由于宋室南迁，定都临安，宫廷需祭祀和大量的日常生活用瓷，曾两次命"越州"、"绍兴府余姚县"烧制祭祀器，使濒临消亡的越窑获得了复苏，进入了一个短暂的繁荣时期。这一时期的瓷业遗存虽然不多，规模不大，但存在着同炉共烧越窑、北方青瓷风格和类官风格等三种类型制品，这种现象为其他窑口所罕见。是什么原因，促使越窑中心产地形成一个多种类型制品共存的瓷业文化？我们认为有以下几个原因：

①北宋末，受北方瓷窑的影响，越窑窑工模仿汝窑、定窑的造型及刻划装饰，烧制一些产品应该是可能的，这对一个窑场来说是比较容易做到的，但要大量模仿的可能性不大。

②北宋晚期，北方战乱频繁，不排除窑工南迁至越窑产地，继续从事瓷业生产。而出现北方青瓷风格的产品应与南迁窑工有关。

③从窑址的调查情况来看，北宋末南宋初，越窑虽然衰落，但还在继续生产，并未停烧。这为南宋朝廷选择越州余姚越窑青瓷中心产地烧造宫廷祭器和日常生活用瓷提供了先决条

[63] 周少华、梁宝鎏：《从工艺学的角度探讨"越窑"黑胎厚釉青瓷与南宋官窑的关系》，《浙江省文物考古研究所学刊》第5辑，杭州出版社，2002年10月。

件。据《中兴礼书》记载："（绍兴元年）四月三日，太常寺言……祀天并配位用匏爵陶器，乞令太常寺具数下越州制造。仍乞依见今竹木祭器样制烧造。""样制"应是北宋官窑器之"样"。北宋官窑是在汝窑基础上设立的，制瓷技术源于汝窑，其制品面貌与汝窑相同或相似，这是毫无疑问的。低岭头、开刀山一带窑场按宫廷要求，依"样制"烧制官物，部分产品与宝丰清凉寺汝窑、张公巷窑的器物相同或相似，也是顺理成章的。

在定瓷中，有二种常见的刻划莲花纹和牡丹纹，主要装饰在碗、盘、盏、碟、瓶等器物的内底壁和外壁。刻划技法主要有两种。一种，压斜刻宽线条和斜刻宽线条左侧附划一条细线组合勾出莲花枝叶和花瓣；另一种，用斜刻宽线条勾出枝叶和花瓣轮廓，再在轮廓内篦划一组叶脉纹。莲花纹和牡丹纹是在"后越窑"遗址中

比较盛行的花纹，而这些花纹不但与定窑相同，而且刻划技法如出一辙，可见这种刻划技法源于定窑。通过调查和发掘，在遗址中出土了大量的定窑装饰风格制品，并占有较大的比例，其总体的质量高于越窑制品，说明这些窑放弃传统产品的优势，极力烧制精美的定窑装饰风格产品，而精美的定窑装饰风格产品在杭州南宋临安城有较多出土，可见越窑烧制定窑装饰风格产品应与宫廷需求有关。

1990年上半年，文物部门对低岭头窑址进行了试掘，获得了二层堆积资料。上层堆积中包含了越窑、北方青瓷风格、类官风格制品，下层包含物除无类官风格制品外，与上层基本相同，但下层的青釉器较上层精细，而上层中乳浊釉制品有较多的出现。说明低岭头窑址在上层时间段内，注重烧制类官风格制品，而把其他的产品放在次要地位。类官风格制品，是采用一种新工艺烧制

而成的。而这种新工艺的出现，需要经过一段时间实践摸索才能实现。在这个过程中，由于工艺的改变，而造成质量的不稳定，产生大量的次品，导致生产成本大幅提高。对一个民窑窑场来说，放弃成熟制瓷工艺，不计成本地采用新工艺烧制新产品，是难以承受的。只有在外力的作用下，才有可能出现这种现象。因此，类官风格制品的出现，应与"仍乞依见今竹木祭器样制烧造"有关。如果这个推论无误的话，那么，我们可把这批类官风格制品出现的时间上限定在绍兴元年以后，其下限可到郊坛下官窑的设立，或稍后。

总之，北方青瓷风格、类官风格制品的出现都与南宋朝廷祭祀和日常生活用瓷有关。因此，南宋初期，低岭头、开刀山一带瓷业生产，受"制样须索"贡瓷制度的影响，促使低岭头类型瓷业文化的形成，成为主要原因。

第三章 | 鉴定基础知识

（一）器物造型及演变

越窑制品的种类繁多，有碗、盘、盏、杯、罐、壶、瓶、钵、盆、篮、盏托、盒、唾盂、水盂、灯、匙、熏炉、洗、釜、枕等。器物造型优美多姿，丰富多样。如碗有敞口碗、侈口碗、敛口碗、曲口碗、葵口碗、翻口碗、直口碗等；其腹有斜腹、弧腹、深腹、浅腹、折腹等；其足有假圈足、宽矮圈足、圈足、高圈足、撇足等。其他器物的造型也多种多样，美不胜收。

近年来，我们对考古调查标本、发掘出土的器物进行整理排比，择主要器物造型进行简单介绍，揭示各类器物在各个历史时期中的造型特征及发展演变规律，从而为越窑青瓷的鉴定提供重要的依据。

碗 在各类产品中所占的数量是最大的。唐代早期，根据底足的不同，可分假圈足、圈足、平底和玉璧底四类形制。假圈足碗，侈口、微外翻，弧腹，也有浅腹和深腹（图107:①～③），如慈溪市博物馆的一件青瓷碗（图108、108-1）；圈足碗，由假圈足碗演变而来，以侈口外翻、弧腹、不规整宽矮圈足碗居多，还有少量的圆唇、侈口、弧腹、宽矮圈足碗，口沿有泥点痕，为对口合烧，质量低劣（图107:④～⑦）；平底碗，均为直口、折腹，有圆唇、方唇和尖唇之分，施釉均不及底，有的内外半釉，圆唇和方唇碗，大多唇部有泥点痕，为对口合烧（图107:⑧～⑩）；玉璧底碗为敞口，斜腹，玉璧形底（图107:⑪），由假圈足碗演变而来的一种新产品，但数量较少。唐代中期，碗的造型增多，有坦腹宽矮圈足碗、深腹圈足碗、敞口斜腹圈足碗、敞口斜腹玉璧底碗，还新出现了侈口弧腹玉璧底碗等（图107:⑫～⑯）。玉璧底碗的数量明显增多，深腹碗的圈足比上期窄而稍高，这类圈足碗往往在口沿刻较浅的四曲，曲下外壁划竖棱线，呈四等分，像四瓣花瓣。坦腹宽矮圈足碗，曾在象山南田海岛唐元和十二

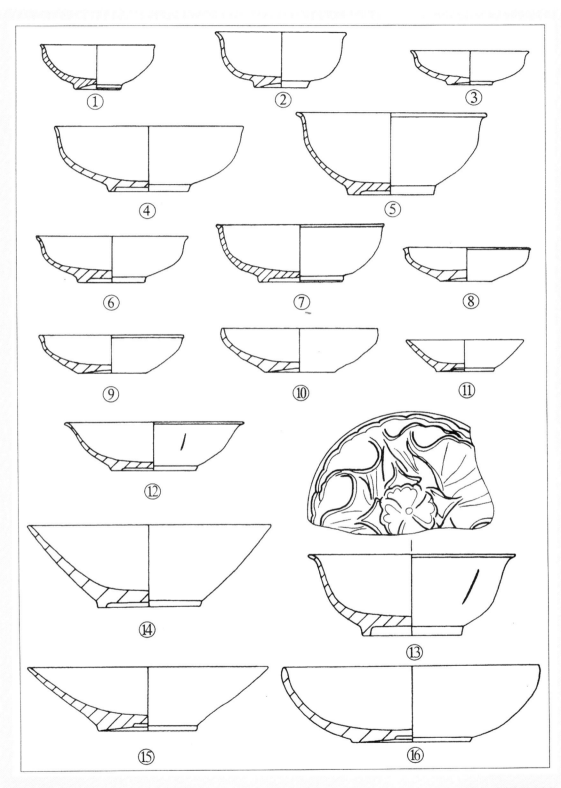

图107.碗类线图（唐）

年墓中出土过[1]。如慈溪市博物馆藏的刻划花碗，口沿外翻，坦腹，宽矮圈足，足端刮釉，釉色青黄，滋润、光泽，内壁通体刻划荷花纹。整个造型稳重、端庄（图109）；慈溪浙东陶瓷博物馆藏的敞口斜腹圈足青瓷碗，口呈四曲，曲下外壁划竖棱线，施青釉（图110）。唐代晚期，碗类的造型与中唐相比，有较大的变化。碗腹加深，圈足变窄、增高。有圈足碗、撇

足碗、玉璧底碗等。临安县文物馆藏的唐水邱氏墓（901年）出土的秘色瓷碗[2]，侈口，弧腹，圈足。口呈五曲，曲下外壁折直棱线，微凹，内壁凸出，釉色青绿、滋润，形似一朵盛开的荷花（图111）。宁波博物馆藏的一件铭文碗，直口，弧腹，圈足，釉色青黄，内底印"寿"字云鹤纹和"大中二年"铭文（图112）。

浙江省文物考古研究所藏的碗

（95CST①：1），出土于上林湖荷花芯窑址。敞口，斜直腹，高圈足外撇。口刻五曲，曲下外腹划竖棱线，呈荷花状，内底划荷花纹，釉色青黄（图113）。这类碗在上林湖及其周围的古银锭湖、白洋湖等地晚唐时期的窑址中均有大量出土。玉璧底碗在产品中属于数量最多的一种器物，极大多数为施釉不到底，满釉器较少。它始于唐代早期，流行于唐中晚期。其整

图108.碗（唐）

图108-1.碗（唐）

图109.荷花纹碗（唐）

[1] 符永才、顾章：《浙江南田海岛发现唐宋遗物》，《考古》，1990年第11期。
[2] 明唐山考古队：《临安晚唐水邱氏墓发掘报告》，《浙江省文物考古所学刊》，文物出版社，1981年出版。

图110.碗（唐）

图111.花口碗（唐）

图112.云鹤纹碗（唐）

图113.荷花纹碗（唐）

体造型无多大变化，但底足逐渐由大向小演变。如东方博物馆藏的玉璧底碗，敞口，斜腹，璧形底。口呈四曲，曲下外壁划竖棱线。施青釉（图114）。

五代时期，大量的碗以仿金银器为特征，有敞口弧腹圈足碗、直口斜直腹平底碗、侈口斜直腹高圈足外撇碗、敞口斜腹环底碗等。上海博物馆藏的青瓷碗，直口，斜直腹，平底内凹，釉色青绿、滋润（图115）；另一件花口碗，侈口外翻，上腹斜直，下腹内收，圈足，口呈五曲，曲下外壁划竖棱线，似五瓣花瓣，施青黄釉，整器像一朵盛开的荷花（图116）；慈溪私人收藏的侈口斜直腹高圈足外撇碗，口呈五曲，曲下外壁划竖棱线，施青釉（图117）。内蒙古自治区文物考古研究所藏的辽会同四年（941年）耶律羽之墓出土的一件敞口、斜腹、环底碗，釉色青绿（图118）；临安板桥钱宽墓[3]，临安康陵（941年）也出有此类碗[4]。这种碗，是由唐代玉璧底碗发展而来的，其演变过程是：玉璧底（唐代）—玉环底（五代前期）—小圈足（五代后期）。

北宋时期仍是越窑继续繁荣发达阶段，器物造型丰富多样，盛行纤细划花和刻划花，其型制与晚唐、五代相比，有明显的差异。北宋前期，碗的造型有侈口深腹圈足、敞口斜腹小圈足、侈口弧腹卧足几种。深腹碗的圈足变窄而高，腹部下垂，少见唐、五代时期流行的曲口、花口碗，有的出现了口沿至腹部压印六条竖棱线，使口部的压印处往往向上凸，外壁微凹，内壁凸出。如谷利民先生藏的侈口深腹圈足碗是这一时期较常见一种器形（图119）。敞口斜直腹小圈足碗是由五代时期的玉环底碗演变而来。上述三种型制的碗在北宋时期越窑遗址中大量出土，而且在上林湖地区的

图114.玉璧底碗（唐）

图115.直口碗（五代）

图116.花口碗（五代）

[3] 浙江省文物管理委员会：《浙江临安板桥的五代墓》，《文物》，1975年第8期。

[4] 杭州市文物考古所、临安市文物馆：《浙江临安五代吴越国康陵发掘简报》，《文物》，2000年第2期。

图117.碗（五代）

图118.环底碗（五代）

图119.碗（北宋）

图120.莲瓣纹盖碗（北宋）

图121.碗（北宋）

图121-1.碗（北宋）

图122.摩羯纹碗（北宋）

图122-1.摩羯纹碗（北宋）

窑址中发现划"太平戊寅"（978年）年款的标本。这为我们推断这些造型的流行年代提供了珍贵资料。北宋中期，碗的造型与前期相比，无多大差异。除了继续流行前期的细线划花纹饰外，在碗的内外壁往往刻划花纹，莲瓣纹为最常见的纹饰。如宁波博物馆藏一件盖碗，盖似覆莲，顶有钮，四周刻划莲瓣纹。碗的外壁刻划仰莲瓣纹，釉色青绿。整器似盛开的仰覆荷花，造型别致，轻巧优美（图120）。到北宋晚期，最多见的为侈口外翻、深腹、高圈足碗。圈足明显高于前期，一般都在1.5厘米以上，最高的达

2厘米之多。如慈溪私人收藏的高足碗（图121、121-1）。这类碗多数为明火叠烧，质量低劣。其次是敞口斜腹小圈足碗，在内壁往往划莲瓣纹，此型与前期无多大变化，就是制作粗糙。还有一种侈口、弧腹、卧足碗。上海博物馆藏有这类碗。内底刻划摩羯纹，外壁刻仰莲瓣，莲瓣瘦长，施青绿釉(图122、122-1)。

盘 在器物种类中数量比较大的产品。唐早期，有假圈足盘、圈足盘和平底盘三类。假圈足盘有敞口浅腹和折沿折腹二种；圈足盘是由敞口、浅腹、假圈足盘演变而来；平底盘也

有直口折腹和折沿折腹二种（图123：①～④）。唐中期，盘的造型与前期有较大变化，制作较前期精细。以敞口、斜腹、圈足盘居多，还有敞口、浅腹、圈足盘和翻口、弧腹、圈足盘。有的盘口刻四曲，曲下外壁划竖棱线的圈足盘，内底刻划荷花纹（图123：⑤～⑧）。扬州城东唐会昌三年（843年）墓出土过一件圈足盘，口呈四曲，外壁划竖棱线，内壁刻划荷花纹，施青釉[5]；慈溪浙东陶瓷博物馆藏的刻划花青瓷盘，侈口微外翻，弧腹，圈足，口呈四曲，曲下外壁划竖棱线，内底壁刻划荷花纹，釉色青

[5] 扬州博物馆：《扬州城东唐墓清理简报》，《东南文化》，1988年第6期。

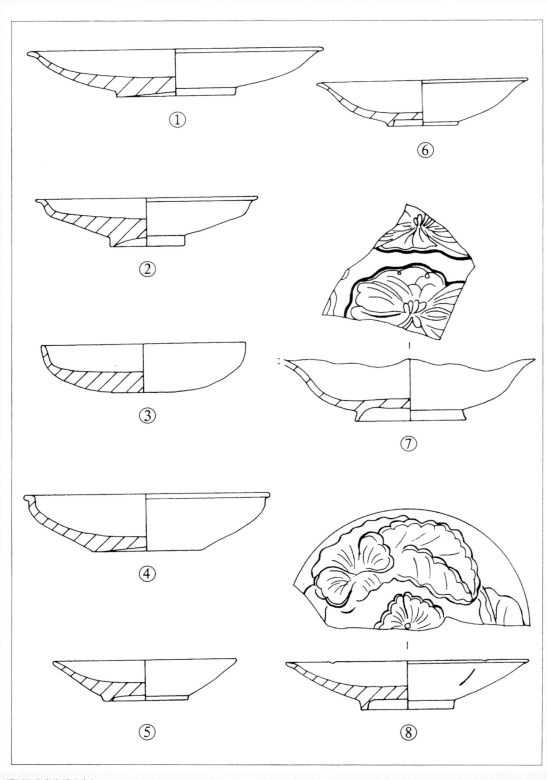

图123.盘类线图（唐）

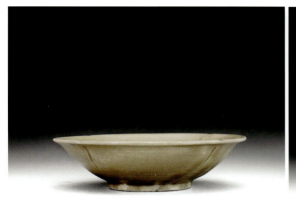

图124.莲花纹盘（唐）

图124-1.莲花纹盘（唐）

图125.秘色瓷盘（唐）

黄（图124、124-1）。到唐晚期，盘的造型比较多样，有侈口斜直腹平底盘、敞口浅腹圈足盘、花口弧腹圈足盘、花口折沿平底盘等。法门寺唐代地宫出土的秘色瓷盘最具代表性。其中一件花口斜直腹平底盘，外壁划五条竖棱线，内壁微凸，呈五花瓣。釉色青绿，光泽、滋润，有"如冰似玉"的效果（图125）。这类盘在上林

湖唐代窑址中也有残片发现。鄞县文管会藏的一件敞口浅腹圈足盘，施青釉，内底划飞鸟荷花纹，形象生动，富有神韵（图126）。慈溪私人收藏的划花青瓷盘，侈口微翻，弧腹，圈足，口呈四曲，曲下外壁划竖棱线，内底壁划朵花纹，釉色青黄（图127、127-1）。

五代时，盘的型制较碗丰富。有

曲口弧腹圈足盘、侈口弧腹圈足盘、花口弧腹圈足盘、花口弧腹撇足盘、花口弧腹平底盘、敞口宽沿弧腹高圈足盘、翻沿弧腹圈足盘等（图128：①～⑦），造型似一朵朵盛开的荷花，美观大方。这些盘在上林湖等地的五代窑址中大量发现。如临安博物馆藏康陵（941年）出土的侈口弧腹圈足盘（图129），浙江省文物考古研究

图126.飞鸟荷花纹盘（唐）

图127.划花盘（唐）   图127-1.划花盘（唐）

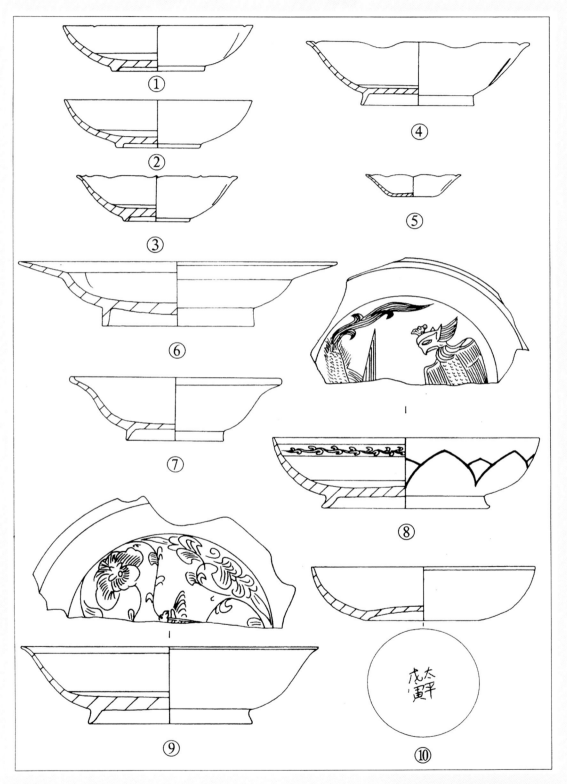

图128.盘类线图（五代、北宋）

图129.盘（五代）

图130.花口盘（五代）

图131.蝴蝶纹盘（北宋）

图131-1.蝴蝶纹盘（北宋）

所藏的寺龙口窑址出土的花口盘，是这一时期的代表性器物。花口下外壁划五条竖棱线，釉色青泛黄，足端刮釉。整器犹如荷花（图130）。

到北宋初期，盘的造型主要有侈口弧腹撇足、侈口外翻弧腹撇足和侈口弧腹卧足三种（图128:⑧~⑩）。内底往往有划花，口沿下饰花纹带，外壁压印6条竖棱线，呈花瓣状。在采集的大量标本中，发现不少盘的圈足与器底有明显的黏结痕，说明器物的制作由原来的挖足修整演变成分段制作，然后黏结而成。辽陈国公主驸马合葬墓出土的两件造型一样的划花青瓷盘[6]，其中双蝶纹盘，外壁压印6条竖棱线，呈六花瓣形，内底平划蝴蝶纹，通体施青釉，釉色晶莹光亮（图131、131-1）。另一件菊花纹盘，外底划"官"字款。1984年河南巩义市元德李后陵出土秘色瓷大盘，内底划龙纹，釉色青绿[7]。北宋中期，盘的造型按底足来分，主要有圈足外撇盘和卧足盘二类。外壁往往压印六条竖棱线，呈花瓣状，内底刻划牡丹花、莲瓣纹、云龙纹、缠枝花、荷叶纹、蝴蝶纹、鹦鹉纹等。到北宋晚期，盘的造型为敞口外翻，浅腹，圈足外撇，在内底壁多见有朵花或6条直线纹和双直线纹。

盏 不但在器类中的数量较少而且造型也少。唐早期盏以侈口，弧腹，假圈足为多见。其造型与假圈足碗相同，所不同的是器形小。到唐中晚期时，演变成直口，弧腹，圈足，外壁往往划四条竖棱线。五代时，呈侈口，弧腹，圈足变高。有的口部刻四曲，曲下划4条竖棱线。北宋早中期，盏的腹部变浅，有的内底划花纹，口至外壁压印竖棱线等装饰。如

[6] 内蒙古文物考古研究所：《辽陈国公主驸马合葬墓发掘简报》，《文物》，1987年第11期。

[7] 河南省文物研究所、巩县文物保护所：《宋太宗元德李后陵发掘报告》，《华夏考古》，1988年第3期。

慈溪浙东陶瓷博物馆藏的一件盏，侈口、弧腹、圈足，口至外壁下腹压印5条直棱线，口呈五曲，口沿下内壁划一条弦线，内底划5朵缠枝花，施青釉（图132、132-1）。到北宋晚期，腹部稍深，圈足微撇。

盒 是日用器皿中的重要产品。唐代早期少见，到中期时，出现平底盒、圈足盒，以平底盒居多。上虞博物馆藏刻划荷花纹盒，刻划线条清晰、流畅，施青黄釉，滋润光泽（图133）。唐晚期，盒在上林湖唐代窑址中大量出现，数量比唐代中期有明显增加。常见的有粉盒和油盒二类。粉盒造型丰富多样，有折腹平底盒、弧腹平底盒、弧腹圈足盒、折腹圈足

盒等，盒盖也多种多样，有弧面、平面、半圆面、带钮盖等。如慈溪市博物馆藏的两件划花粉盒（图134、135）。油盒的形状为敛口、弧腹、圈足。盖面为弧形，有的顶部置钮，釉色以青黄居多。如慈溪博物馆藏的油盒（图136）；东方博物馆藏的青瓷油盒（图137）。这种粉盒、油盒在临安水邱氏墓中也有出土。到五代时与唐代的盒有明显差别，盒的型态普遍趋向于大而扁，有折腹平底盒、折腹圈足外撇盒、弧腹圈足盒等；此外，还新出现了委角方盒。如宁波博物馆藏的一件盒，盖顶戳印莲子莲蓬，四周刻覆莲瓣，整个造型似莲瓣托着莲蓬浮在荷池之中（图138）；故宫博物院

图136.油盒（唐）

藏的盒，盖顶戳印莲蓬，四周刻覆莲瓣，釉色青黄（图139）；钱元瓘墓出土的方盒[8]，委角，内壁相应出筋，下托高方座，四壁印如意纹，中间镂小孔，通体施青绿釉，均匀莹润（图140）。此种盒在吴县七子山五代墓出土9件[9]，相互可以叠套。在上林湖竹园山、茭白湾、后施岙窑址中也有

图132.划花盏（北宋）

图132-1.划花盏（北宋）

图133.荷花纹盒（唐）

图134.荷花纹盒（唐）

图135.划花纹盒（唐）

[8] 浙江省文物管理委员会：《杭州、临安五代墓中的天文图和秘色瓷》，《考古》，1975年第3期。
[9] 苏州市文物管理委员会、吴县文物管理委员会《苏州七子山五代墓发掘简报》，《文物》，1981年第2期。

图137.油盒（唐）

图138.莲蓬纹盒（五代）

图140.方形套盒（五代）

图139.莲蓬纹盒（五代）

图141.鹦鹉纹盒（北宋）　　　　　　　　　　　　　图141-1.鹦鹉纹盒（北宋）

图142.牡丹纹盒（北宋）　　　　　　　图143.荷花纹盒（北宋）　　　　　　　图144.花鸟纹盒（北宋）

方盒残片发现。北宋前期，盒的造型较五代时期扁矮，由上期的圈足、平底盒演变成折腹圈足外撇盒、弧腹圈足外撇盒和折腹卧足盒。章云龙先生收藏的青瓷盒，子母口，折腹，圈足外撇，盖面微弧，上有二周弦纹圆，圆内划细线鹦鹉衔枝纹，外划相对2层三叶纹，通体青釉，釉层均匀，光泽透明（图141、141-1）。元德李

后陵出土一件秘色瓷云鹤纹套盒[10]，共3层，有盖。每层外壁划云鹤纹，下腹划如意形云纹，底层为高圈足外撇，外底划"千"字款，通体施青绿釉，造型别致，是一件难得的精品。到北宋中期，盒的器型与早期相似，主要有圈足外撇盒和卧足盒两类。盖面刻划牡丹、荷花、缠枝花等。慈溪市博物馆藏的牡丹纹盒、荷花纹盒和

缠枝花鸟纹盒是这一时期的代表性器物（图142、143、144）。北宋晚期，盒有卧足、圈足外撇和三联瓜形等造型。盖面饰刻划花外，还有少量的印花。花纹有摩羯纹、牡丹纹、菊花纹等。如上海博物馆藏的一件菊花纹盖盒，盖面内圈刻划菊花、外圈刻宽弧线纹一周，通体施青釉（图145）。余姚市文物管理委员会所藏青瓷盒，盖

[10] 河南省文物研究所、巩县文物保护所：《宋太宗元德李后陵发掘报告》，《华夏考古》，1988年第3期。

图145.菊花纹盒（北宋）

图146.摩羯纹盒（北宋）

图146-1.摩羯纹盒（北宋）

面微弧，刻划摩羯纹，子母口，折腹圈足外撇，施青绿釉，釉色滋润光泽（图146、146-1）。东方博物馆藏的卧足盒，盖面鼓，顶部下凹，置瓜蒂形钮，钮四周刻二层重莲瓣纹，通体青釉（图147、147-1）。宁波博物馆藏一件三联瓜形盒，盒有3个瓜形小盒组成，盖上各有椭圆形瓜钮，间以堆贴荷叶，釉色青绿，造型新颖优美，是件珍贵的艺术品（图148）。

盏托 专门用于托盏的，是盏的配套器物。唐代中期已有生产，器型较少，型似敞口斜腹圈足盘，内底有矮托座（图149：①）。到唐晚期，内底置托座的造型最为多见，托座由矮向高发展。装饰花纹有口部刻四曲，曲下外壁划竖棱线，内壁划荷花、荷叶纹等，有的盏托呈荷叶形（图149：②—④）。如宁波博物馆藏的一件盏托，口沿四瓣向内卷曲，呈荷叶状，上置一件荷花碗，犹如荷叶中托着一朵盛开的荷花，在水中随风摇曳，造型生动优雅（图150）。

五代时，盏托的常见器型有花口、宽折沿、折腹、圈足盏托，敞口、宽折沿、折腹、圈足盏托，敞口、高托座、坦腹、高圈足盏托等。有的口沿呈四曲、五曲和葵口，花纹少见。杭州三台山五代墓出土过一件敞口高托座的圈足盏托，在临安康陵墓也出有相同盏托；临安市板桥乡如龙村五代墓（M21）一件敞口，五曲，宽折沿，高圈足盏托（图151）。

图147.莲瓣纹盒（北宋）

图147-1.莲瓣纹盒（北宋）

图148.三联瓜形盒（北宋）

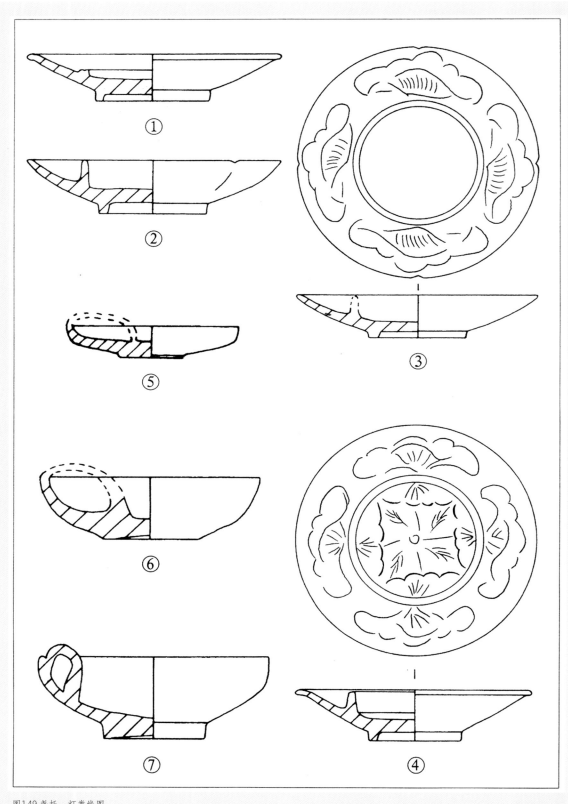

图149.盏托、灯类线图

图150.盏托（唐）　　　　　　　　　　图151.盏托（五代）

图152.莲瓣纹盏托（北宋）　　　　图153.划花盏托（北宋）　　　　图153-1.划花盏托（北宋）

　　北宋早中期，盏托在窑址中有大量发现，其造型有折沿托座圈足外撇、折沿无座圈足外撇和敞口托座高圈足几种。多数盏托的沿面划花纹，有的划花纹带托座往往呈莲蓬状。首都博物馆藏有一件辽统和十三年（995年）韩佚墓出土的盏和托[11]。盏放入托上，成为一套完美和谐的器皿。造型精美，釉色青绿，光泽晶莹，制作精湛。东方博物馆藏的盏托，很有代表性。由托座、承盘组成。高托座面划花草纹，周壁刻覆莲。盘口沿呈花口，面刻划水波纹，高圈足外撇。施

青釉（图152）。到北宋晚期，盏托的造型与前期相比有所不同，最突出的是圈足、托座明显增高，制作粗糙，划花草率。如谷利民先生收藏的划花青瓷盏托（图153、153-1）。

　　灯　唐代早期最常见有三种。一种是浅腹，假圈足；另一种为浅腹，平底内凹；还有一种是筒形腰沿高足（图149：⑤—⑦）。在内底，口部置半环形的灯芯环，环往往高于口沿。这种造型为以前所未见，是唐早期出现的新器形。灯的造型，唐早期扁矮，到中期增高，有较大的变化。

浙江省文物考古研究所藏的灯，内底至口沿置半环，青釉泛黄，外底无釉（图154）。到了唐晚期五代时，灯的造型与唐代中期无大的差别。灯芯环从口沿移到内底，与唐中期略有不同，此类灯在唐代窑址中有大量出现。临安县文物馆藏的一件灯，器型特大，与此类灯不同，出土于水邱氏墓，釉色青黄，外壁通体绘釉下褐彩如意云纹。器内盛满凝固的油脂（图155）。到北宋早中期，内底壁置半环形灯芯，中期时，新出现了多口弧腹圈足外撇灯，内底置五个灯管，管呈

[11] 北京市文物工作队：《辽韩佚墓发掘报告》，《考古学报》，1984年第3期。

图154.油灯（唐）

图156.五管灯（北宋）

图155.褐彩云纹灯（唐）

含苞欲开的荷花。北宋晚期，基本上不见半环形灯芯，唇部外卷，有对口合烧的痕迹。中期出现的侈口弧腹圈足外撇灯，变为折沿深腹高圈足外卷。如浙江省博物馆藏的一件五管灯（图156）。

执壶　由罂演变而来，出现于唐中期；器型有瓜棱执壶、胆囊执壶、带錾壶、凤头壶等。如故宫博物院藏唐元和五年（810年）墓出土的胆囊壶，口沿外翻，短颈，溜肩，短流削成八边形，腹部硕大，曲柄，釉色青黄晶莹，釉面裂纹（图157）。到了晚期，其造型基本上沿着两种形式演变和发展。一种颈部渐高，腹渐瘦

长，作瓜棱形，流变长；另一种为颈部渐高，腹渐圆，流变长，式样更加优美。宁波博物馆藏的3件执壶很有代表性。瓜棱执壶，喇叭口筒颈，瓜棱腹，圈足，肩部分别置十棱流和扁带状把，釉色青黄、滋润，造型清秀、典雅（图158）。带盖执壶，直口，长颈，肩部置多棱长流，颈肩间安扁带状把，有钮盖，釉色青（图159）。带錾壶，有小钮盖，上腹置多棱弧形长流和长方形錾把，肩部贴一系，釉色青翠滋润（图160）。这种壶在上林湖荷花芯、马溪滩等唐代窑址中均有发现。东方博物馆藏的胆囊壶，喇叭口，束颈，胆形腹，低圈足，肩部安

八棱直流，颈腹部安条形把柄；施青黄釉（图161）。

五代时期，执壶的造型与晚唐时期有较大的变化，腹部圆鼓，流呈圆形弧曲。慈溪市博物馆的一件执壶，直口，鼓腹，圈足。肩腹部置圆形长曲流和曲把，釉色青灰，线条饱满，造型端庄稳重（图162）。在杭州施家山吴汉月墓中也出土一件喇叭口、长颈、鼓腹瓜棱、圈足执壶[12]，在钱元瓘墓中出土一件小口长颈鼓腹圈足执壶，腹部划缠枝花[13]。

北宋早期，执壶的样式较多。如首都博物馆藏的辽韩佚墓出土的划花执壶[14]，有盖，盖塔式，顶部为花

[12]、[13]　浙江省文物管理委员会：《杭州、临安五代墓中的天文图和秘色瓷》，《考古》，1975年第3期。
[14]　北京市文物工作队：《辽韩佚墓发掘报告》，《考古学报》，1984年第3期。

图157.执壶（唐）

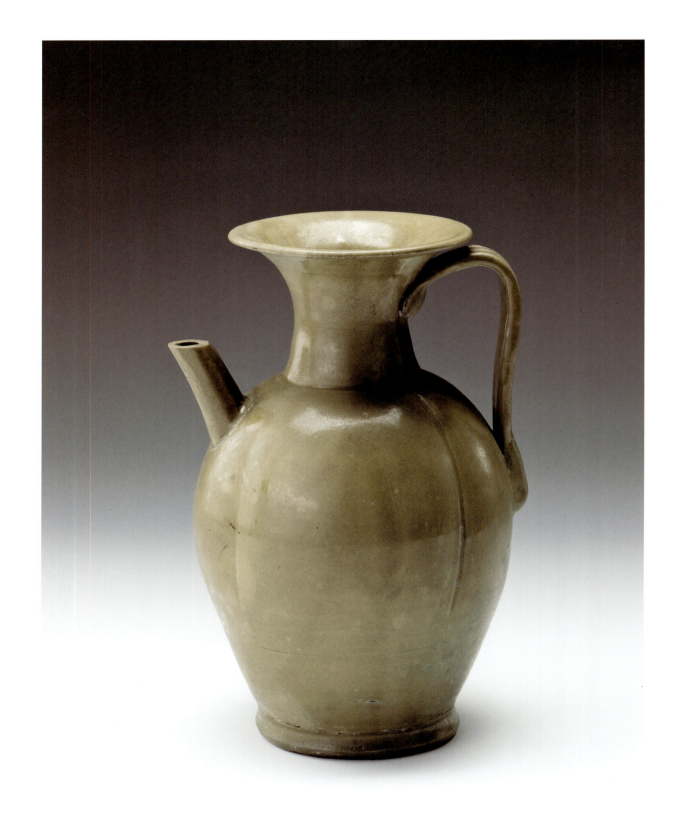

图158.瓜棱执壶（唐）

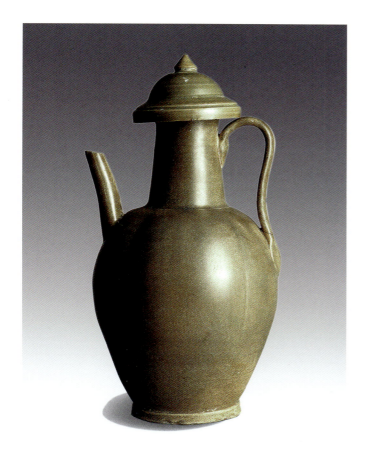

图159.带盖执壶（唐）

图160.带鋬壶（唐）

图161.胆囊壶（唐）

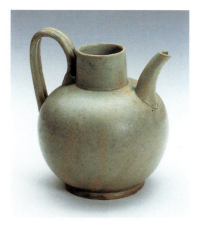

图162.执壶（五代）

图163.划花人物执壶（北宋）

图164."太平戊寅"款执壶（北宋）

蕾钮。圆形瓜棱腹，圈足外撇。外底划"永"字款，肩腹两侧面对置长曲流和高曲把，整体饰划花，盖、颈、肩、流、把饰云纹和卷草纹等，腹部饰宴乐图，纹饰清晰，线条流畅，造型端庄秀丽，颇具典雅飘逸之美（图163）。镇江博物馆藏有同样造型的执壶，腹部划的是折枝花纹。故宫博物院藏有一件"太平戊寅"款青瓷执壶，侈口外翻，筒颈，瓜棱腹，假圈足。长流，扁状曲把，颈肩处置双系，施青黄釉（图164）。到中期，执壶的造型有喇叭口执壶和直口执壶等，与前期无多大变化。在上林湖地区，腹部刻划开光牡丹花和双直线瓜

棱壶比较多见。北宋晚期，壶的种类比较多，有侈口鼓腹圈足、喇叭口鼓腹圈足、喇叭口深腹圈足、直口弧腹卧足等（图165：①—⑥）。壶流长而弯曲，腹部往往刻双凸棱线，呈瓜棱状，有的腹部刻划开光牡丹花等纹饰，耳为模印，花纹多样，多数为朵花纹。如慈溪市博物馆藏的瓜棱执壶（图166），东方博物馆藏的刻划花执壶（图167）。

罐 唐早期常见的有高领、上腹较鼓、下腹斜收的平底罐，直口深腹平底罐。新出现了柿蒂系和如意形系（图165：⑦—⑩）。到了唐中期，罐的造型不多，比较多见的有两种。

一种为直口，溜肩，深腹，平底。与上期器型有所不同。另一种是卷沿、折肩、深腹、平底。多见内底和口沿上有一周泥点痕，可见此类罐内置小件器，进行对口合烧。这在上林湖地区的中唐窑址中多有见到。进入唐晚期，罐的造型增多，有直口椭圆腹圈足、直口折肩鼓腹圈足、侈口束颈弧腹平底、直口高领深腹平底几种造型，腹部往往呈瓜棱状。如慈溪市博物馆藏的四系罐，直口，椭圆腹，瓜棱状，圈足，领肩处置环形四系，施青黄釉，釉色滋润（图168）。这种环形系出现于唐代中期，流行于唐代晚期，延续到宋代。

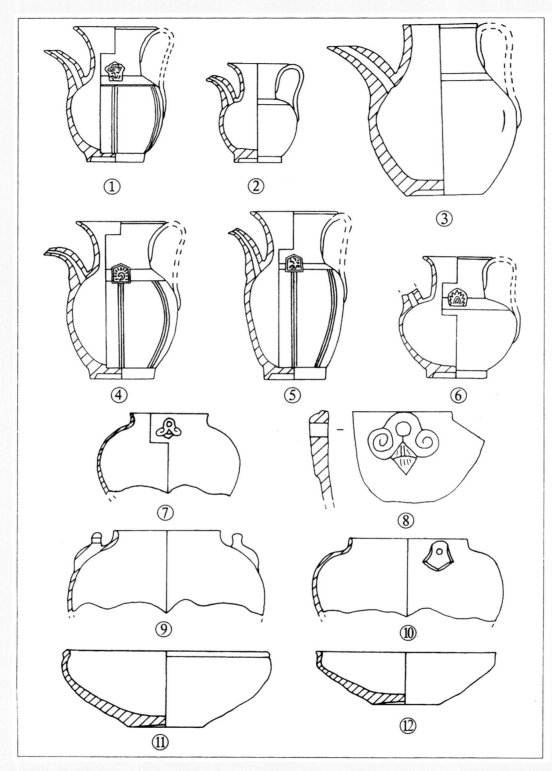

图165.壶、罐、钵类线图

　　五代时期罐的造型主要有二种：一种器型增高，最大腹径下移至腹的中部；另一种器形变矮，下腹大于上腹；与唐代略有区别。如浙江省博物馆藏的"官"字款双系罐，直口，高领，长圆腹，中间略鼓，平底内凹，肩部置双系，上腹划"官"字款，釉色青黄（图169）。1992年内蒙古自治区赤峰辽耶律羽之墓出土的青瓷盖罐[15]，通体施青黄釉，肩部两侧有对

称带孔扁耳，另两侧贴附对称环条形双夹耳，盖面呈半圆形，两侧置圆孔耳，插入夹耳，耳孔相对应，可用栓或绳固定，使盖不易掉落，便于提携。设计精巧，别具匠心，制作精致。这类罐在吴县七子山五代墓有出土，在上林湖狗颈山等窑址也有残片发现。临安康陵（941年）出土的青瓷瓜棱盖罐，盖面微弧，盖口沿处有2个小孔；罐子母口，瓜棱腹，圈足微

外撇，肩部两侧置对称双系；通体施釉，釉色青绿，莹润（图170）。

　　到了北宋早中期，罐的造型较少，常见的有敛口鼓腹圈足罐、折沿弧腹平底罐和瓜棱腹圈足罐。浙江省博物馆藏有一件盖罐，盖顶有钮，腹部划鸳鸯荷花纹，通体施青绿釉（图171）。上海博物馆藏有两件通体刻划开光牡丹花纹罐，施青釉，釉色晶莹、润泽（图172）。慈溪市博物馆也藏

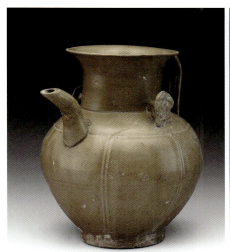

图166.执壶（北宋）

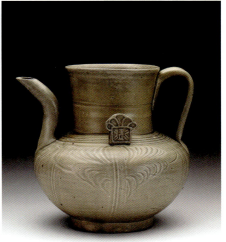

图167.刻划花执壶（北宋）

图168.四系盖罐（唐）

图169.双系罐（五代）

[15]　内蒙古文物考古研究所、赤峰市博物馆、阿科尔沁旗文物管理所：《辽耶律羽之墓发掘简报》，《文物》，1996年第1期。

图170.瓜棱盖罐（五代）　　　　　图171.鸳鸯荷花纹盖罐（北宋）　　　　　图172.牡丹纹罐（北宋）

有刻划莲瓣纹罐，与福建迪口北宋墓出土的莲瓣纹罐相同，此墓还出土一件墨书"庆历三年五月……"的铭文罐[16]，北宋晚期，前期的折沿弧腹平底罐的底径增大，呈椭圆腹，口沿往往有两个小孔，用以系绳。另一和罐器型瘦长，瓜棱腹，卧足。如慈溪浙东陶瓷博物馆藏的四系罐（图173）。

罂 唐代早期基本特征为盘口，筒颈，弧腹，平底，系粘贴在颈肩处，盘口下沿下垂，颈长而直，上腹稍大，系的形式多为环状。如慈溪市博物馆藏的青瓷罂（图174）。到唐中期，罂的盘口增大，喇叭颈，弧腹，最大腹径在上部，器身增高，与唐早期的造型不同。浙江嵊县出土一件罂，喇叭颈，颈部堆贴蟠龙，肩上贴

四系，紧贴颈部，上腹较鼓，平底。腹刻"元和十四年四月一日造此罂，价直一千文"。这件青瓷罂，有器名，有制造日期，还标有价格，是一件难得的珍贵之物。到了唐晚期，罂的颈变高，腹瘦长，系增高。如慈溪市博物馆藏的龙纹罂（图175）。

五代时期，罂的盘口变小，最大腹径下移至腹的中部，腹渐矮，变鼓腹。临安板桥五代墓出土的四系褐彩云纹罂[17]，现藏于浙江省博物馆，颈肩处贴四系，颈腹饰褐彩云纹。其盘口小于腹径，最大腹径在中部，整器显得十分稳重、气派。慈溪浙东陶瓷博物馆藏收藏的五代青瓷罂，盘口，长颈，鼓腹，圈足，颈肩处贴四系，施青釉（图176）。

北宋早期，罂的造型与前期不同，盘口变浅，最大腹径在上腹，腹颈处四鋬明显增大，趋于实用，而非装饰作用，器型瘦长。如东方博物馆藏的太平兴国七年（982年）青瓷罂，浅盘口，筒颈，弧腹，圈足外撇，颈腹处置四鋬，施青釉，腹部刻划"太平兴国七年岁在壬午九月上旬造此记"铭文（图177）。绍兴市博物馆收藏的北宋咸平元年（998年）青瓷粮罂瓶，腹部刻有"上虞窑匠人项口造粮瓶一个献上新化亡灵王七郎咸平元年七月廿日记"铭文。在古代，罂是存贮酒的器皿，但也可贮藏粮食，名称随用途而变，北宋人称之"粮罂瓶"。北宋晚期，罂的口、颈渐小，腹变瘦，成瓜棱状，鋬变细。上海

[16] 建瓯市博物馆：《福建建瓯市迪口北宋纪年墓》，《考古》，1997年第4期。
[17] 苏州市文物管理委员会、吴县文物管理委员会《苏州七子山五代墓发掘简报》，《文物》1981年第二期。

图173.四系罐（北宋）

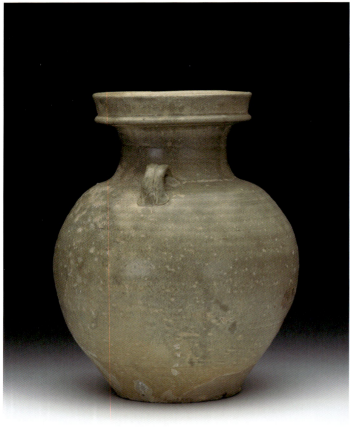

图174.罍（唐）

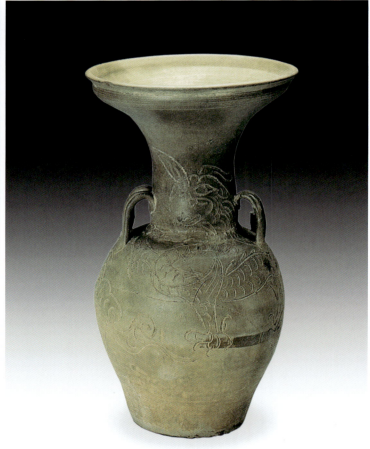

图175.龙纹罍（唐）

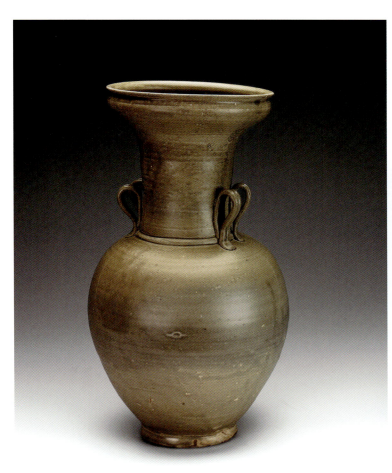

图176.罍（五代）

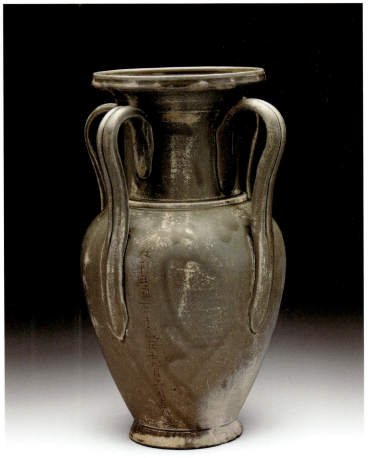

图177.四鋬罍（太平兴国七年982年）

图178.四系盖壶（北宋）

图179.圆唇平底钵（五代）

图180.水草纹钵（北宋）

博物馆藏的四系盖壶，盖面鼓，有圆钮，肩贴印花四耳，腹饰双线瓜棱，釉色青灰，少光泽（图178）。

钵 唐代早期以圆唇外卷，敛口，上腹较鼓，下腹斜收，平底内凹的钵居多，还有一种方唇、敛口、平底钵（图165：⑪—⑫）。这种圆唇敛口平底钵的造型至晚唐时期基本不变。

五代时，钵的器型变小，与唐代有所不同。一种圆唇、口微敛、弧腹、平底钵比较多见。浙江省博物馆藏有一件钵，釉色青绿，滋润晶莹（图179）。

进入北宋早中期，钵的型制多样，有敛口鼓腹卧足、敛口斜弧腹卧足、直口斜弧腹平底、直口弧腹平底等几种。有的内底壁划云纹、缠枝纹、折枝花、摩羯纹，外壁刻莲瓣纹、水波纹等。如慈溪市博物馆的青瓷钵，上腹划水草纹，施青釉，光亮晶莹（图180）。北宋晚期，钵的种类减少。较常见的有直口斜弧腹卧足钵和直口弧腹平底钵，卧足变小加深。

水盂 是文房用具。最早出现于三国东吴时期的蛙形水盂，到唐代早期演变成敛口、鼓腹、假圈足的形状。中期演变成平底水盂，腹部往往划4条棱线。进入晚期，水盂的形状较多，有圈足水盂、平底水盂、四足水盂等。慈溪市博物馆藏的一件敛口四足水盂，釉色青黄（图181）。浙江省文物考古所藏上林湖荷花芯窑址出土

图181.四足水盂（唐）

图182.圈足水盂（五代）

图183.水盂（五代）

图184.牡丹纹水盂（北宋）

的划花水盂，敛口，鼓腹，小平底微内凹。上腹划荷叶纹，施青釉，外底无釉。这些素面水盂在上林湖唐代窑址中有大量出现，但划花水盂比较少见。

五代水盂的腹部较鼓，与晚唐时期不同。常见的有敛口鼓腹平底水盂和敛口鼓腹圈足水盂。如慈溪市博物馆藏的一件水盂，造型小巧，腹部圆鼓，通体施釉，釉色青泛黄（图182）。临安康陵（941年）出土的青瓷水盂，盖面平，顶置瓜蒂形钮；盂敛口，鼓腹，圈足微外撇；通体施釉，釉色青绿；器型精巧别致（图183）。

北宋早期，水盂的造型不多，常见的有敛口鼓腹平底内凹和敛口鼓腹高圈足外卷二种。这类水盂在上林湖等地的北宋时期窑址均有残片发现。到中晚期，水盂的造型与早期无明显差异，腹部的装饰以刻划花为主，常见花纹有牡丹花等。如宁波博物馆藏的一件水盂，口沿划弦纹，腹部刻划开光牡丹花，釉色青翠晶莹（图184）；东方博物馆藏的牡丹纹水盂（图185）。

熏炉 唐晚期出现，最常见有的直腹圈足外撇和斜弧腹圈足两种。浙江省三门县博物馆藏的熏炉，由盖和座两部分组成。盖顶有钮，面镂孔，成花瓣形，座足外撇，镂小圆孔，釉色青黄，釉层薄而均匀（图186）。这种熏炉在上林湖窑址、宁波和义路唐代遗址中均有出土。五代时期少见，到了北宋早中期，熏炉圈足增高，外卷，炉盖呈半圆，镂缠枝花孔，如黄岩博物馆藏的青瓷熏炉（图187）。晚期少见。

图185.牡丹纹水盂（北宋）

图186.熏炉（唐）

图187.青瓷熏炉（北宋）

（二）装饰技法与纹饰特征

唐宋越窑青瓷的装饰艺术，主要表现在装饰技法和纹样题材两个方面。装饰技法主要有刻花、划花、印花、堆塑、褐彩、镂雕等。花纹有植物纹、动物纹、昆虫纹、人物纹、几何形纹等。装饰技法新颖多变，花纹多样，构图美观。

刻花 是用刀具在半干的坯体上刻出深浅不一的线条花纹。唐代早期的青瓷不但制作较粗糙，釉层薄而无光泽感，而且装饰简单，偶见刻花。到了唐中期刻花明显增多。花纹以荷花为主，还有荷叶纹、鱼纹等。荷花有二叶荷花、四叶荷花，形状各异，丰富多彩（图188）；荷叶纹也有二叶、四叶纹。这类荷花、荷叶纹不但在上林湖以及周围的白洋湖、里杜湖、古银锭湖同时期的窑址中均有出土，而且在镇海小洞岙窑址、上虞的唐代窑址也有发现，成为当时比较流行的纹饰。它具有四个特点：其一是刻与划有机地结合在一起，使线条富有变化，具有层次感，但只刻无划的花纹甚少。其次是从刻划线条的交错现象来看，是先划后刻，即先在胚体上划出纹样，然后再紧挨纹样的轮廓的外侧刻出一道粗线条。其三是花纹布满整个碗、盘、盆的内壁，往往在内底刻划盛开的荷花，周壁刻划荷叶。其四是在碗、盘的口沿上刻四曲，成四等分，曲下外壁划粗棱线。

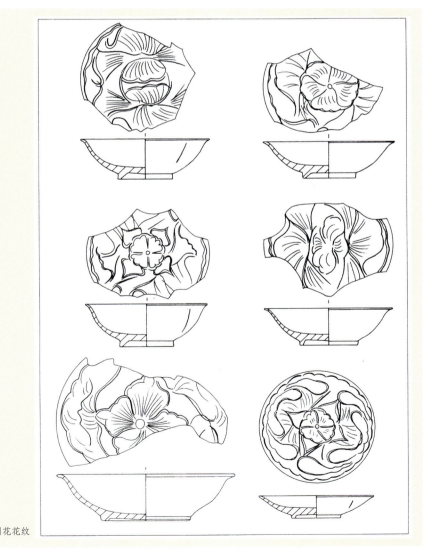

图188.唐中期 刻花花纹

这种刻划风格的器物在纪年墓葬中也有见到，如河南偃师杏园的大历十三年（778年）郑询夫妇合葬墓[18]，出土一件青瓷碗，内刻鱼纹。其造型、釉色和刻划风格与上林湖唐中期的敞口外翻、弧腹、宽矮圈足碗相同，应是越窑青瓷。扬州城东出土的唐会昌元年（841年）刻划荷花纹盘[19]与上林湖窑址的盘一样，无疑是上林湖窑址的产品。晚唐时期刻花少见。

到了五代，刻花仍比较少见，花纹有仰覆重莲瓣、龙纹等，主要装饰在碗、盘、罍的腹壁，盒的盖面。

如苏州市博物馆藏的刻仰覆莲瓣纹碗托，宁波天一阁博物馆藏的莲蓬纹粉盒，浙江省博物馆藏的浮雕蟠龙罍，北京南郊辽赵德钧墓出土的莲瓣纹越窑青瓷碗。除此之外，大量的制品仿金银器，碗、盘、盏托、杯等器的口沿刻成花瓣状，像一朵朵盛开的花朵，展示着蓬勃向上的气息。这种装饰流行于整个五代，是这一时期装饰艺术的一大特点。

北宋早期，盛行划花，单纯的刻花较少，往往与划花技法配合使用，使花纹有层次感、立体感。主要花纹有莲瓣纹、牡丹花、龙纹等。进入中期，在继续流行细线划花的同时，还盛行刻划兼施的装饰技法，刻划花大量出现，主要花纹有莲瓣纹、牡丹花、开光牡丹花、龙纹、摩羯纹、双凤牡丹花、波涛纹等（图189）。其中有许多莲瓣纹往往先用细线划好图案，然后在花瓣轮廓线外侧用斜刀刻出深浅的粗线条，使整个图案层次分明，立体感强，达到较好的艺术效果。到了北宋晚期，这种装饰技法继续沿用。

划花 是用尖状工具在半干胚

图189.刻划花纹　北宋中期

[18] 中国社会科学院考古研究所河南二队：《河南偃师市杏园村唐墓的发掘》，《考古》，1996年第12期。

[19] 扬州博物馆：《扬州城东唐墓清理简报》，《东南文化》，1988年第6期。

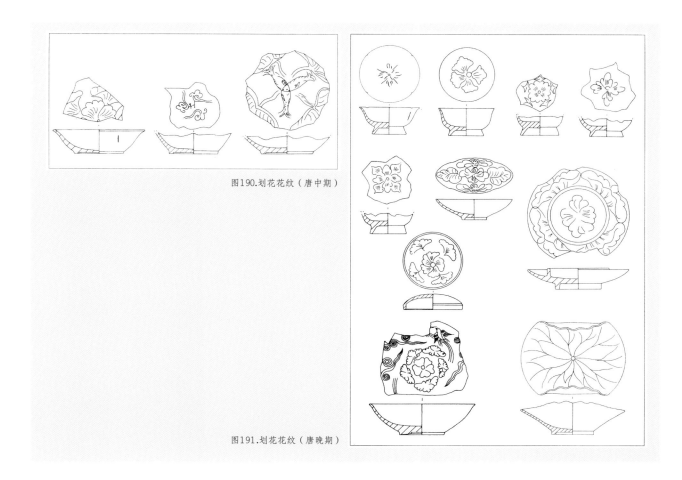

图190.划花花纹（唐中期）

图191.划花花纹（唐晚期）

体上划出线条花纹。唐早期不见划花，中期的划花数量明显少于刻划兼施的花纹，花纹有荷花、云纹等（图190）。此外，还有一种用非尖状工具划出的粗棱线。这种粗棱线主要施在碗、盘、盆口沿曲下的外壁，往往出现外壁微凹、内壁微凸的现象。此种装饰技法一直沿用到五代。到了晚唐，刻划兼施的花纹几乎不见，而盛行划花。虽然器物仍以素面为主，但划花占有一定的比例，明显比前期增多。花纹仍以荷花荷叶纹为主，有二叶荷花、四叶荷花、荷花、荷叶、荷花飞鸟纹等（图191）。花纹各异，构

图注重对称，线条挺拔奔放。花纹主要装饰在碗、盘、盏托的内壁，盒盖面上和执壶的腹部。这些荷花纹的形状基本上保持着前期的特征，但花纹的布局，从碗内壁通体缩小到内底；荷叶由大变小，呈不规则三角形状。上海博物馆藏的一件青瓷执壶，腹部划荷花纹和"会昌七年改为大中元年三月廿四日清明"铭文，会昌七年即大中元年（847年）。这件壶的造型、花纹与上林湖窑址出土的壶和碗、盒盖上的纹饰完全一样，应是上林湖窑址的产品。除荷花纹外，还有云龙纹。1983年慈溪鸣鹤瓦窑头唐墓出土

一件四系龙纹青瓷罍，其腹颈部划云龙纹。

五代的划花在继承晚唐风格的同时，又有了新的发展。出现纤细划花，纹样有龙纹、交枝四荷纹、交枝四花纹、缠枝纹、朵花纹、波浪纹等。杭州玉皇山钱元瓘墓（941年）出土的执壶和器盖上划缠枝纹和朵花纹[20]。这类纹饰的线条纤细、流畅，构图规整，讲究对称，具有工笔画的风格。

北宋早期，划花是最盛行的一种装饰。花纹线条纤细、流畅、繁密，构图讲究对称，布局圆满，这成为划花的重要特征。在装饰纹样题材中，

[20] 浙江省文物管理委员会：《杭州、临安五代墓中的天文图和秘色瓷》，《考古》，1975年第3期。

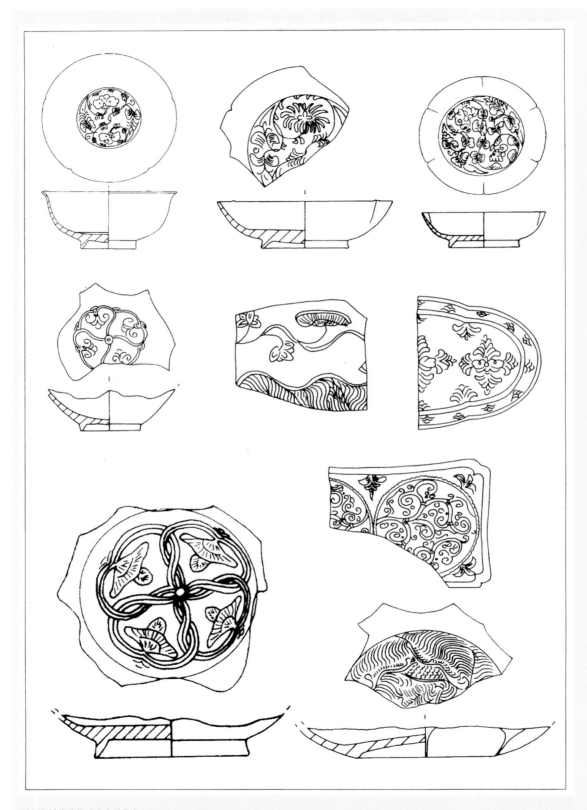

图192.划花花纹（北宋早期）

以植物花纹最多见，动物纹亦大量出现，人物故事比较少见。植物类的花纹有四缠枝花、四交枝花、二缠枝朵花、二缠枝菊花、荷花、四荷花、缠枝荷花、缠枝团花、波浪纹等（图192）；动物纹有对鸣鹦鹉纹、鹦鹉衔枝纹、云鹤纹、双凤纹、飞鸟二缠枝朵花、飞鸟四缠枝朵花、龟伏荷叶纹、鸳鸯戏荷纹、龙纹、双蝶纹、飞

雁纹（图193、194、195、196）；人物故事类的有人物宴乐图等。如首都博物馆藏的辽韩佚墓（995年）出土的人物纹执壶、鹦鹉纹碗、蜂花纹盏托和四缠枝朵花纹盏[21]；宋太宗元德李后陵（1001年）出土的套盒，共4层，通体施青釉，每层腹壁划展翅飞翔的云鹤纹，下腹划朵云纹，外底有"千"字款[22]；辽陈国公主驸马合葬

墓（1018年）出土有花口双蝶纹盘和花口菊花盘[23]；1999年慈溪匡堰镇瓦片滩青瓷址出土一件盘的残片，内底划双蝶纹，外底划"太平戊寅"年款（图197）。到北宋中期，划花继续流行，纹饰有缠枝花、龟心荷叶纹、鹦鹉、蝴蝶、双凤、朵花、缠枝荷花等，与早期纹样无明显差别，但有的划花出现草率的现象；在碗、盘、盏

图193.鹦鹉纹钵残片（北宋）

图194.划花花纹（北宋早期）

图195.划花花纹（北宋早期）

图196.划花枕残片（北宋）

图197.蝴蝶纹盘残片（北宋）

[21] 北京市文物工作队：《辽韩佚墓发掘报告》，《考古学报》，1984年第3期。

[22] 河南省文物研究所、巩县文物保护所：《宋太宗元德李后陵发掘报告》，《华夏考古》，1988年第3期。

[23] 内蒙古文物考古研究所：《辽陈国公主驸马合葬墓发掘简报》，《文物》，1987年第11期。

等器的内外壁饰划花较早期多。北宋晚期，划花的比例较前期少，前期流行刻划兼施的花纹也明显减少，单纯的刻花增多，但所装饰的纹样简单、草率、呆板，虽有少量比较精细的制品，但远不及北宋早中期那样的精致。新出现了双线划纹，常见于碗、盘的内壁和壶、罐的外壁。此期的纹样有朵花、双线朵花、二缠枝朵花、四缠枝花、菊花、荷花、荷叶、莲瓣纹、牡丹花、双蝶牡丹花、鹦鹉纹、摩羯纹、人物纹等（图198、199）。

镂雕 在唐代早期已采用这种装饰技法，多见砚台圈足部位上镂雕对称的二孔或四孔，孔呈壶门状。进入晚期，这种装饰多见于熏炉，临安水邱氏墓出土的褐彩云纹青瓷熏炉，在盖面上镂雕出朵花、朵云等形状，在盖钮上镂朵花及朵云孔，通体褐彩云纹，施青黄釉，釉面晶莹[24]。此炉集彩绘和镂雕于一体，造型庄重典雅。浙江省三门县博物馆藏的熏炉，盖面镂孔，成花瓣状。这种造型及镂雕装饰在上林湖唐代窑址均有发现。

五代、北宋时期，镂雕装饰技法继续沿用，多用于熏炉，把盖面镂雕成各种花瓣的形状。如黄岩灵石寺塔发现的一件青瓷熏炉，熏盖呈半圆，镂雕缠枝花孔。

印花 是用刻有花纹图案的范具在坯体上印出花纹的一种装饰技法。印花有阴、阳两种。印花始见于唐中期，花纹有葵花、鱼纹、龙纹。线条比较粗壮，图案呆板，多施在碗、盘、洗的内底。唐中期的印花仅见于镇海小洞岙窑址，为其他窑址所不见。在宁波和义路唐代遗址元和层出有葵花纹和双鱼王字款[25]。这类器物应是小洞岙窑址的产品。在上林湖Y74唐代窑址中曾出土过一件碗内底印有飞鸟纹的标本。唐代晚期的窑址和遗址中，出土的印花青瓷器较少。上林湖马溪滩、黄鳝山、荷花芯等窑址曾出土过印花碗，花纹有云鹤纹、鱼纹等，均为阳纹，线条流畅，形象生动活泼。宁波和义路唐代遗址中出土过一件碗[26]，内底模印"寿"字和云鹤纹，并划"大中二年"纪年铭文。

五代、北宋早期，印花少见，中期开始增多，晚期大量出现，主要装饰在盒盖和壶耳，制作粗糙，纹样呆板。

戳印、压印 戳印是用芦管状的工具在泥坯上戳印出各种纹样。这种装饰出现于五代，北宋早中期比较常见，晚期消失。往往在碗的内底戳出8～9个排列均匀的小圆圈纹，形似莲蓬，外壁往往刻重瓣仰莲，如同一朵盛开的莲花。压印是用棒针状的工具在泥坯上压印出粗线纹。这种装饰始于北宋早期，一直沿用至晚期。往往在碗、盘等器的口沿至外壁压印出6条粗线纹，呈六曲，曲口向上微凸，使碗、盘的外壁呈六花瓣形，有如一朵含苞欲放的荷花。

褐色彩绘 是一种釉下彩装饰工艺，先把配制的彩料涂于坯体上，然后再通体上釉，烧成后，彩料和釉料熔为一体，呈现出深浅不同的圆形和半圆形的褐色彩斑，起到较好的艺术效果。这种装饰技法最早见于三国东吴时期，东晋、南朝盛行褐色点彩，到唐代演变成大片褐彩斑。象山县文管会藏的双系壶，在口沿、腹部饰褐彩斑。目前的考古资料表明，褐彩斑的装饰仅见于镇海小洞岙唐代中期窑址，可作为鉴别小洞岙窑址产品的特征之一。唐晚期釉下彩绘比较少见。临安唐水邱氏墓（901年）出土过褐彩云纹盖罂、褐彩云纹灯和褐彩云纹熏炉[27]。1990年在上林湖黄婆岙唐代窑址中出土了褐彩云纹钵和罂的残片。这为我们进一步确定烧制褐彩青瓷的产地提供了有力的证据。

五代时，褐色彩绘装饰技法继续使用，与晚唐时期无明显差异。临安板桥五代墓出土的褐彩瓷罂，颈、腹绘褐色云纹，肩部绘覆莲纹，并饰二道彩线，使彩绘分为上下二层，主次分明，有层次感，与唐代单调的通体彩绘有所不同。

堆塑、雕刻 堆塑往往与雕刻相结合，是突出主题纹样、美化越瓷造型的一种艺术手法。唐中期出现，晚唐、五代也有发现。上虞博物馆藏的盘口、四系蟠龙青瓷罂，在颈部堆塑蟠龙，形象生动逼真，是一件难得的珍品。嵊州市文管会也藏有一件腹刻"元和拾肆年四月一日造此罂，价直

[24]、[27] 明唐山考古队：《临安晚唐水邱氏墓发掘报告》，《浙江省文物考古所学刊》，文物出版社，1981年出版。

[25]、[26] 宁波市文物考古研究所：《浙江宁波和义路遗址发掘报告》，《东方博物》，杭州大学出版社，1997年1月出版。

一千文"蟠龙青瓷罂。

金银饰 考古资料表明,这种装饰是对秘色瓷的再加工,使其更加美观、华贵。如器口器足镶嵌金银边,通常称为"金银扣饰"。陕西扶风县法门寺唐塔地宫出土的2件银扣秘色瓷碗,外涂黑漆,并用金银团花等装饰[28]。

1984年上林湖后施岙唐代窑址出土一件盘的残片,釉色青绿,腹外壁划竖棱线,在口沿内侧面刮釉一周,宽0.3厘米,是用来包镶金银边的。这件盘口沿的刮釉现象为镶嵌金银边找到了实物证据。

五代时,除唐代的金银扣装饰继续沿用外,又出现了新的涂金装饰工艺。吴越国时秘色瓷成了纳贡的重要方物之一。其中金银饰秘色瓷的数量相当可观,这在《十国春秋》、《吴越备史》、《宋史》、《宋会要·蕃夷》等文献中都有记载,其中所谓"金棱"、"银棱"、"扣金瓷器"、"金扣越器"、"金银陶器"、"金银饰陶器",其实都是金银所饰的"秘色瓷"。如苏州七子山五代钱氏贵族墓出土一件金扣秘色瓷碗,杭州五代钱元瓘出土的浮雕涂金双龙罂就是代表作。到北宋中期,金银装饰消失。

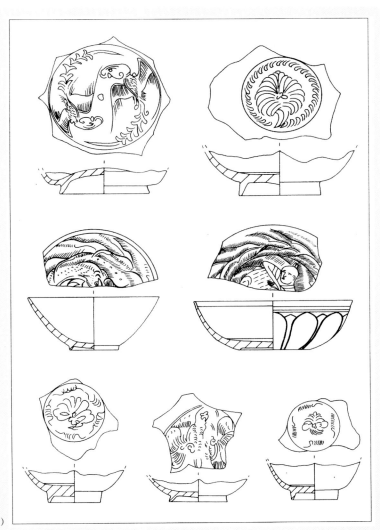

图198.划花花纹(北宋晚期)

---

[28] 陕西省法门寺考古队《扶风法门寺塔唐代地宫发掘简报》,《文物》1988年第十期。

图199.划花花纹（北宋晚期）

（三）胎、釉特征

1. 胎质

上林湖是越窑的中心产地，这里分布着近200处窑址，丰厚的堆积，为我们研究历代青瓷的胎、釉及其工艺提供了丰富的实物资料。1989年上海硅酸盐研究所对上林湖历代青瓷标本的胎、釉作化学成分测定（参见表六、表七、表八）。

表七表明，在12件东汉至北宋的上林湖青瓷标本中，胎的成分比例变化是不大的。它们在中国历代陶器和瓷器胎的化学组成分布图上集中在一个很小的范围内，处于SiO_2分子数为6.5—8.5和RxOy分子数为0.44—0.64之间。这当然取决于上林湖地区所产的高SiO_2（75%左右），低Al_2O_3（16%左右）和较高Fe_2O_3（2%左右）的制瓷原料[29]。自1982年以来，慈溪市文管会多次对上林湖地区进行窑址调查，

表六　上林湖地区测试标本外貌特征表

测试号	窑址编号	名称	出土地点	年代	外貌特征
SL1	83C上Y43	碗底	皮刀山	北宋	灰胎较粗，有肉眼可见大气孔。青黄釉极薄。内底划四瓣花。
SL2	84ChY41	残盘	竹园山	五代末宋初	灰胎，致密较薄。青釉较均匀，卧足，内底划鹦鹉纹。
SL3	84C上Y21	盘底	交白湾	宋初	灰胎较粗，有肉眼可见大气孔。青黄釉极薄无光，圈足外撇，内底划缠枝花草。
SL4-1	84C上Y59	盘底	狗头颈山	五代	灰胎较细，略有可见气孔。青黄釉较厚有光，内底划浪涛纹。
SL5-2	84ChY27	粉盒	黄鳝山	晚唐	灰胎较细，有肉眼可见小气孔。青黄釉有细裂纹。
SL6	84C上Y66	残碗	施家	晚唐	灰胎较致密，青黄釉均匀有光，玉璧底。
SL7-2	84C上Y55	残碗	狗头颈山	初唐	灰胎较粗，有大气孔。酱色釉不匀，外壁施至腹上部。平底、直口、折腹。
SL8-2	84C上Y18	残盘	鳖裙山	南朝	灰胎较粗，有气孔。青黄釉有细裂纹，有光。假圈足，满釉，粘有垫泥。内划莲瓣纹。
SL10-1	84C上Y48	罍口沿	桃园山	东汉末	浅灰胎，有气孔，青黄釉多数已剥落，在胎中由眼可观察到个别大石英颗粒（约2mm），敛口宽唇。
SL10-2	84C上Y48	盆底	桃园山	东汉末	深灰胎，较细。青黄釉略暗极薄，部分剥落，外壁无釉。腹下部及内底划波浪纹。
SL11-1	84C上Y78	残碗	周家岙	东汉末	灰胎较细有气孔，内外施青釉，外壁施釉至近底处，釉有细纹。直口浅腹，平底内凹。
SL11-2	85C上Y78	罍口	周家岙	东汉	灰胎，青黄釉，内外施釉，内壁为刷，厚薄不匀。敛口宽唇，鼓腰。

---

[29] 李家治、陈显求、陈士萍、朱伯谦、马成达：《上林湖历代越窑瓷胎、釉及其工艺研究》，《古陶瓷科学技术国际讨论会论文集》，上海科学技术文献出版社，1992年出版。

表七　上林湖地区历代胎测试化学组成表

NO	编号	SiO_2	Al_2O_3	Fe_2O_3	TiO_2	CaO	MgO	K_2O	Na_2O	MnO	P_2O_5	总量	分子式
1	SL1	76.07	15.28	2.13	0.84	0.79	0.62	2.69	0.91	0.040	0.130	99.50	0.65 PxOy. Al_2O_3. 8.45 SiO_2
2	SL2	74.92	16.36	2.15	0.88	0.65	0.66	2.77	1.02	0.020	0.080	99.51	0.62 PxOy. Al_2O_3. 7.77 SiO_2
3	SL3	75.24	16.83	2.09	0.81	0.32	0.61	2.71	0.82	0.010	0.070	99.51	0.53 PxOy. Al_2O_3. 7.58 SiO_2
4	SL4−1	72.55	18.87	2.90	0.81	0.38	0.57	2.56	0.75	0.030	0.090	99.51	0.48 PxOy. Al_2O_3. 6.52 SiO_2
5	SL5−2	75.40	16.82	1.75	0.78	0.32	0.53	2.73	1.08	0.020	0.060	99.49	0.53 PxOy. Al_2O_3. 7.61 SiO_2
6	SL6	75.24	16.82	2.07	0.86	0.36	0.63	2.52	0.92	0.020	0.070	99.51	0.53. PxOy. Al_2O_3. 7.59 SiO_2
7	SL7−2	73.78	18.75	2.02	0.86	0.39	0.52	2.44	0.67	0.020	0.060	99.51	0.44 PxOy. Al_2O_3. 6.68 SiO_2
8	SL8−2	75.11	17.48	2.10	0.74	0.39	0.54	2.36	0.69	0.020	0.070	99.50	0.47 PxOy. Al_2O_3. 7.29 SiO_2
9	SL10−1	74.50	18.11	2.03	0.77	0.40	0.47	2.36	0.80	0.010	0.060	99.51	0.45 PxOy. Al_2O_3. 6.98 SiO_2
10	SL10−2	75.40	17.31	1.84	0.88	0.37	0.56	2.39	0.67	0.020	0.060	99.50	0.47 PxOy. Al_2O_3. 7.39 SiO_2
11	SL11−1	74.66	17.94	1.97	0.76	0.29	0.48	2.62	0.70	0.020	0.060	99.50	0.45 PxOy. Al_2O_3. 7.06 SiO_2
12	SL11−2	74.85	17.08	2.50	0.78	0.29	0.53	2.58	0.81	0.030	0.060	99.51	0.51 PxOy. Al_2O_3. 7.43 SiO_2

表八　上林湖地区历代釉测试化学组成表

NO	编号	SiO_2	Al_2O_3	Fe_2O_3	TiO_2	CaO	MgO	K_2O	Na_2O	MnO	P_2O_5	总量	R_2O	$Fe_2O_2+TiO_2$	RO	助熔剂总和
1	SL11−2	61.63	13.74	2.45	0.65	14.26	1.51	1.89	0.81	0.53	0.72	98.19	2.70	3.10	16.30	22.82
2	SL11−1	60.28	13.74	2.25	0.62	16.23	2.34	1.91	1.25	0.40	0.85	99.60	3.16	2.87	18.97	25.85
3	SL10−2	58.89	12.67	1.53	0.65	19.08	1.94	1.80	0.72	0.38	0.92	98.58	2.52	2.18	21.40	27.02
4	SL8−2	61.42	13.06	1.65	0.57	15.87	2.49	1.70	0.74	0.30	0.91	98.71	2.44	2.22	18.66	24.23
5	SL6	63.60	12.54	2.17	0.64	13.39	2.57	1.70	0.82	0.40	1.30	99.13	2.52	2.81	16.36	22.99
6	SL5−2	61.57	12.88	1.76	0.64	14.04	3.16	1.63	0.95	0.38	1.52	98.53	2.58	2.40	17.58	24.08
7	SL4−1	59.90	12.88	2.28	0.56	13.92	4.09	1.59	0.85	0.78	1.95	98.80	2.44	2.84	18.79	26.02
8	SL3	64.26	13.02	2.15	0.69	11.60	2.84	1.86	0.80	0.32	1.90	99.44	2.66	2.84	14.76	22.16
9	SL2	62.08	13.18	2.17	0.62	15.00	2.46	1.59	0.89	0.3	1.30	99.60	2.48	2.79	17.77	24.34
10	SL1	59.04	13.04	2.03	0.58	16.29	3.19	1.60	0.74	0.64	1.94	99.09	2.34	2.61	20.12	27.01

并采集了大量的历代青瓷标本，胎的外观色泽没有太大的差别，均是灰白色，这与胎的成分组成变化小有关。

对制瓷原料的加工是否精细，直接影响着瓷器的质量。需要对制瓷原料进行粉碎、淘洗、陈腐、揉练等工序。唐代早期，对胎泥的炼制不够精细，在瓷胎中含有沙粒，往往凸露于器表，造成不光洁，有小气孔和分层现象。到唐中期，对胎泥的炼制工序等方面有明显的改进。在瓷胎中不见沙粒和小气孔，细腻紧密，器表光滑，说明越窑的胎泥炼制非常精细。北宋晚期时，瓷胎出现有小气孔、不紧密、器表不光滑、修坯不精细等现象，说明在粉碎、淘洗、陈腐、制作等工艺上有退步。这与越窑衰落是同步的。

2．釉的特征

上海硅酸盐研究所实验显示，上林湖东汉至北宋时期瓷釉的成分组成变化很小[30]（见表八）。$Fe_2O_3+TiO_2$的含量都在2.5%左右，个别大于3%，RO的含量均在18%左右，R_2O都在2.5%。釉的主要助熔剂是CaO，属于石灰釉。石灰釉具有光泽好、透明度高、釉层薄的特点。釉层的厚度仅为0.2—0.4毫米[31]。

釉色　虽然上林湖历代瓷釉的化学组成无多大变化，但是随着烧成工艺的不断改进，人们审美观念的变化，瓷釉的色泽随之发生变化，这在

上林湖等地区的历代越窑遗址中有明显的反映。从唐代早期窑址的标本来看，釉色有青灰、青黄，还有淡青；釉层薄，不均匀，普遍无光泽感，这很可能与明火装烧有一定的关系。到中期，装烧技术有长足的改进，大量采用匣钵装烧，产品质量明显提高。釉色以青、青黄、青灰居多，不见前期的淡青釉，釉层均匀，光泽感强。唐代晚期的釉色以青黄、青灰、青泛黄为主，还有少量的青、青绿釉。这期的产品以釉色和造型取胜，追求"千峰翠色"般的釉色，如冰似玉的效果，如法门寺出土秘色瓷的那种光亮、滋润、柔和，呈半透明状的青绿色釉。五代的釉色基本上与晚唐一样。北宋早中期，以青灰、青黄釉为主，还有少量的青釉和青绿釉；釉层薄而透明。由于流行纤细的划花、刻划花，突出花纹图案，使釉更加透明，与晚唐、五代时期的釉色相比有所不同。北宋晚期，大量器物采用明火装烧，不但产品制作粗糙，而且釉色普遍灰暗，无光泽。

上海硅酸盐研究所测定的上林湖历代瓷釉数据表明，在釉中含有较高的CaO和MgO以及Fe_2O_3和TiO_2，这就决定了上林湖地区越窑青釉是薄玻璃釉并多数呈青黄或青灰的色调[32]。釉的色调除了上述因素外，还与烧成温度有很大关系。越窑的结构是龙窑。龙窑的缺点是瓷器在窑内放置位置不

同，所受的温度也不同，即使它们使用同样原料，胎釉化学组成相同，烧成后也会出现深浅不一、釉色各异的青釉、青灰釉和青黄釉的瓷器。这种不一致的釉色变化不仅出现在同一窑炉的制品中，甚至在同一件制品的不同部位也会有不同呈色。

釉的色调不但与烧成温度有关，而且烧成气氛对其也有相当大的影响。瓷器在氧化气氛中烧成，胎釉中的铁和足够的氧结合，处于高价铁（三氧化二铁）状态，就呈黄色；如在还原气氛中烧成，因火焰中的氧不足，就会把胎釉中氧化铁的氧夺去一部分，使釉呈青色。从窑址中多数釉色呈青黄色调看来，说明当时是在弱还原气氛中烧成的。要达到光亮滋润的青绿色调，就必须在强还原气氛中烧成。龙窑中不同窑位的温度和气氛分布不一样。在调查发掘越窑遗址时，很少发现青绿釉的瓷片标本，也说明当时这种青绿釉的精品的产量是不高的。

（四）装烧工艺特征

唐、五代、北宋时期越窑青瓷的装烧技术在承袭前代的基础上，有了很大的发展。瓷器的型制特征随着实用功能和审美时尚而发展变化，而为制品烧成服务的窑具以及装烧技术

[30] 李家治：《浙江青瓷釉的形成和发展》，《硅酸盐学报》，1983年第11期。

[31]、[32] 李家治、陈显求、陈士萍、朱伯谦、马成达：《上林湖历代越窑瓷胎、釉及其工艺研究》，《古陶瓷科学技术国际讨论会论文集》，上海科学技术文献出版社，1992年出版。

则随着瓷器造型的变化进行改革、创新、发展。不同窑具的出现、装烧工艺的变化，都将在制品上留下不同的痕迹，成为我们鉴定其年代和窑口的重要依据。

1. 窑具

历年来的考古调查和发掘资料表明，从窑具使用功能来看，主要有匣钵具、垫具、间隔具三种。它既是装烧工艺的重要工具，也是烧成制品的必备条件。

(1)匣钵

匣钵是用来盛装和保护瓷坯的。匣钵的发明与使用是瓷业生产发展史上的一大突破，具有重要的意义。越窑各个时期都有使用。其主要功能是：第一，扩展窑炉的竖向空间，叠成匣钵柱，提高装烧量，同时，充分利用窑炉内的热量，减低燃料的无谓消耗，提高热利用率；第二，对瓷坯起到保护作用，提供良好烧成空间和烧成气氛，避免落渣和烟尘侵袭瓷器的釉面，从而提高产品的质量；第三，减轻瓷坯负载重量，减少瓷坯叠压倒塌的现象，提高成品率；第四，由于瓷坯不再承重，故瓷坯造型日渐轻盈精巧。匣钵的造型有钵形、筒形、M形等。按质地来分，有夹沙耐火黏土匣钵和瓷质匣钵。二者的形制基本相同，所不同的是：前者为夹沙耐火土，胎骨厚，器形笨重；后者原料与坯件同质，胎骨薄，器型轻巧。

钵形匣钵直口，弧腹，平底内凹。为夹沙耐火土，口部有泥点间隔痕，有的近底处戳四个小圆孔。用来装烧碗、罐等器物。唐早期使用，一直到南宋。

筒形匣钵直口，深腹，下腹内收，平底内凹。口部有泥点痕，有的底中心有一圆孔，造型似长筒形。为夹沙耐火土。是装烧壶、瓶类器物。唐中期出现，延续到南宋。

M形匣钵凹面，直壁，造型似M形。面缘和壁端有泥点痕。为夹沙耐火土。是窑址堆积中数量最多的一种匣钵，唐代开始使用，一直到北宋。

匣钵盖均为瓷质，无夹沙耐火土者，口部叠接处涂釉密封。器物在密封状态下烧成，须破匣后取出器物。有圆饼形、笠帽形、圆筒形。使用年代在唐晚期至五代。

圆饼形，上面平，下面内凹。主要盖在瓷质钵形匣钵上，盖面中部有一圈泥点痕。有的盖面中心有一圆，微凹，圆内有一圈泥点痕。

笠帽形，形似笠帽状，主要盖在瓷质钵形匣钵上。

圆筒形，深腹，上小下大。用于瓷质筒形匣钵上，烧制长颈瓶之类的器物。

(2)垫具

垫具是用来抬高瓷坯的窑位空间，使瓷坯抬到比较理想的窑位上烧成，防止有生烧的现象出现。垫具有直筒形、喇叭形、束腰圆柱形等，均为夹沙耐火土。装窑时，垫具放置在窑床底的沙层上，排列整齐，规则，平稳。上承匣钵柱或器物。使用年代为唐至南宋。

直筒形垫具，筒形，直腹，足外撇，呈斜面。

喇叭形垫具，筒形，喇叭足，呈斜面。

束腰圆柱形垫具，圆柱形，束腰，实心，上下面平。

(3)间隔具

间隔具是用来固定瓷坯位置，不使瓷坯直接与其他窑具接触，防止相互之间粘连。间隔具有泥点、垫饼、垫圈、托座等几种。

泥点，是间隔坯件和窑具的，防止坯件之间和坯件与窑具之间发生黏结的一种装烧方法。泥点一般采用坯泥，随手捏成，支垫于器底。考古调查表明，基本上每件器物都采用这种方法装烧。采用泥点垫烧，具有两方面的特点：

一是碗、盘等器，用泥点间隔叠烧件数一般都在10件以上，能增加装烧量；二是器物的内外底黏有泥点，虽然泥点易在瓷器上剥落，但会在瓷器上留下泥点痕或凹痕，影响其美观。唐至南宋，一直采用这种方法装烧，从未间断。

垫饼，在装烧时，大多置在垫具之上，承托器物，但也有放置在器物之间，作间隔用。都为夹沙耐火土，唐早期多见，中期较少，晚期不见。

垫圈，圆或圆环状，多以制作瓷器的胎料制成，使用时垫于瓷坯的外底，间隔于器物与匣钵之间。垫圈的大小、高矮是根据瓷器圈足的大小、高矮来制作的，其高度必须超过被垫瓷器圈足的内壁。垫圈的出现和使用是越窑装烧工艺上一大进步。它的主要作用有三方面：

一是由原来垫于足端的泥点移至外底，使足端包釉，光滑。

二是瓷坯被垫圈托起，与匣钵触黏的可能进一步变小。

三是器壁减薄，圈足变窄，外

撤，使器物的造型更加轻巧优美。垫圈最早出现于唐中期，到北宋普遍使用。

托座，瓷质，使用时垫于较大器物的底部，间隔于器物与匣钵之间。有环形、圆台形、椭圆形几种。唐晚期、五代使用。

环形托座，面如环形，下挖圈足，面和足端有一圈泥点痕。有的面有一周凹槽。

圆台形托座，形似圆台，上大下小。面和底均有一圈泥点痕。

椭圆形托座，椭圆形，圈足，面镂三排小圆孔。

2. 各时期装烧工艺特点

唐代早期，已出现少量的匣钵，说明部分器物已采用匣钵装烧，匣钵由夹沙耐火土制成，形如圆台，面平，直壁，有4个小圆孔，底空。面缘和足端各有一周泥点痕，表明在叠压时，匣钵之间采用泥点间隔，这种泥点间隔方法一直延续到五代时期。除了少量器物用匣钵装烧外，极大部分器物仍用泥点间隔，明火叠烧。间隔的泥点较大，呈不规整的三角形。以碗为例，其装烧组合方法是，在窑底置放直筒形垫具，其上置一件垫饼，再在上面叠放11件左右的碗坯，其间用泥点间隔，泥点的个数一般为6—7个。除了这种泥点间隔，多件仰烧之外，还有垫饼间隔仰烧和对口合烧、套烧法。圆唇弧腹矮圈足碗、方唇折腹平底碗、方唇弧腹平底钵往往采用泥点间隔，对口合烧；有的在里面放置小件器进行套烧。这种泥点间隔的装烧技术，贯串着唐宋越窑的发展全过程。进入唐代中期，大量器物采用

匣钵装烧，瓷器的胎、釉、造型、装饰等各方面有了质的飞跃，产品质量明显提高。按质地来分，有夹沙耐火土匣钵和夹沙瓷质匣钵二类。夹沙瓷质匣钵不但胎壁薄，而且重量轻。各类匣钵的形制基本相同，但夹沙瓷质匣钵的数量较少。主要有钵形、直筒形和M形三种。钵形、M形匣钵主要是装烧碗、盘、盒等类器物；直筒形匣钵用来装烧壶类器物。此期的碗、盘、盒中，除大多数玉璧底碗施半釉外，基本上施满釉，并且足端和足底刮釉，防止泥点与釉面黏结。在装烧玉璧底碗时，一般3—5件瓷坯上下相叠，仰置于匣钵面上，瓷坯之间用泥点间隔。如此层层相叠，组成一个匣钵柱。由于受装烧方法的制约，同一匣钵内的数件玉璧底碗，仅最上面的一件施满釉，并在底足部位刮釉一周，其余的外施半釉，内底有泥点痕。这种现象到晚唐时还存在。除了匣钵装烧和少量的明火叠烧外，常见灯盏、直口弧腹平底钵、直口卷沿深腹平底罐为对口合烧和套烧。这一时期的泥点变小而规整。一般的碗、盘等器间隔的泥点为5—7个。有一种敞口外翻、坦腹、宽矮圈足碗的器形较大，泥点为18个左右，最多的达22个。到唐晚期，普遍采用匣钵装烧，产品精致，器型丰富多样，匣钵形式也随之增加。在上林湖地区大量使用瓷质匣钵，与夹沙耐火土匣钵共存，夹沙耐火土匣钵的种类与前期相同。瓷质匣钵形式，有直口弧腹平底，敞口斜腹平底，直口深腹平底，直口浅腹平底，平面、直壁形等，还有各种匣钵盖，为一次性匣钵。

1995年有关单位曾对瓷质匣钵化学成分组成作PIXE分析，结果表明，其原料与生产瓷器所用的原料是相同的。瓷质匣钵除了同样有夹沙耐火土匣钵功能外，还具有以下特点：

一是匣钵彼此之间不用泥点间隔，采用涂釉密封。这就保证其产品在密闭的状态下，造成缺氧而形成适合青绿釉呈色要求的强还原气氛；在停火降温时避免瓷器的二次氧化，造成对釉色不良影响。

二是匣钵与瓷坯为同样原料，因此，在烧成过程中，两者的热胀冷缩率相同，瓷坯在匣钵内始终保持着稳定状态，避免器物与匣钵的粘连，从而提高产品率。

三是绝大多数为单件装烧，造成产量降低，成本提高，产品价格昂贵。

四是烧成后，须打破匣钵才能取出器物，成为一次性匣钵。考古调查发现，在上林湖地区晚唐、五代时期的窑址堆积中，混积着大量的瓷质匣钵，与匣钵黏结的瓷器残片多为青绿色釉，釉层均匀、光亮、滋润，造型规整、端庄，制作精致，是越窑青瓷中的精品。这种青绿釉与法门寺塔地宫出土秘色瓷器的釉色一样。可见瓷质匣钵装烧工艺是专门烧制秘色瓷的。瓷质匣钵的出现和使用，是陶瓷装烧技术上的又一次重大突破，对越窑青瓷质量的提高起到了重要作用。

五代前期的装烧工艺与晚唐时期相同，到五代后期，虽然夹沙耐火土匣钵和瓷质匣钵共存，继续使用前期装烧方法，但瓷质匣钵的胎壁稍薄，并含有少量的石英沙粒。这一时期使

用垫圈装烧器物，圈足器垫烧的泥点痕迹从足端移至外底。由于匣钵的普遍使用，单件装烧方法被采用，碗、盘等的胎壁普遍减薄，圈足变窄，间隔的泥点也随之变小。

北宋早期，只见夹沙耐火土匣钵，而不见晚唐、五代时期流行涂釉密封的瓷质匣钵。匣钵的形式有钵形、M形和直筒形等，绝大多数为M形匣钵，M形匣钵凹面比前期更凹。由于盛行纤细划花，为了保持器物美观和花纹图案不受破坏，瓷坯均用单件装烧，匣钵彼此之间摞叠成匣钵柱，不用泥点间隔。器物普遍采用垫圈支烧，其装烧程序是，先把垫圈放在匣钵内的中心位置上，然后在垫圈上置泥条，再把器物放置在泥条上。泥点由原来的松子状变成细长的泥条。中期的匣钵及装烧方法与早期无明显差异。间隔的泥点，由早期细长的泥条变成圆圈状。到了晚期，夹沙耐火土匣钵的种类和装烧方法仍无变化，但M形匣钵的凹面加深。在窑址堆积中，大量出现了质量低劣的明火叠烧的高足碗、高足杯等，釉色灰暗，无光泽感。由于器物圈足增高，垫圈也随之变高，成为高垫圈，其使用方法未变。

垫圈的普遍使用，标志着越窑青瓷装烧工艺的一大进步。它的使用一方面由原来器物足端支烧部位移至圈足内的底部，使足端包釉光滑，更便于使用；另一方面利用瓷质垫圈中间环节，解决了匣钵与坯件质地不一所产生的膨胀、冷缩率不同的矛盾。用夹沙耐火土匣钵取代涂釉密封的瓷质匣钵，同样能烧造出精致产品，从而

大大降低了产品的成本，在市场中更具有竞争力。

（五）文字题记特征

随着考古工作的不断深入，在上林湖及其周围的窑址中继续发现了不少文字题记。这些文字主要刻划在窑具、瓷器上，大致可分为姓名、数字、纪年、记事以及其他文字等几类。现简述如下：

1．姓名文字

姓名文字主要刻划在间隔具和匣钵上，尤其是晚唐时期的瓷质匣钵上最多见。文字有"李"、"张"、"马"、"马公受"、"王嵩"、"罗业师记"、"徐庆记烧"、"余"、"俞"、"陈记"、"章油"、"魏文"、"朱"、"叶明"、"李行"、"姚蒲奴"、"吴成"、"葛"、"郑元"、"颜者"、"俞程"、"杨"、"杨儒"、"元记"、"方"、"何"等。这些姓名文字的出现，表明入窑装烧时，某个窑位的产品是某个窑业主的。同时反映了唐代瓷业生产已有明确的分工，有专门从事制作坯件的"坯户"和烧窑的"窑户"。这为研究唐代瓷业生产组织形成提供了大量的信息。

2．纪年文字

纪年文字比较少见，有"会昌三年七月"、"（咸）通十三年季春"、"乾化年"、"太平戊寅"、"辛酉"等。其中"太平戊寅"纪年款的标本发现较多，在上林湖的Y21、

Y30、Y39、Y41，古银锭湖的彭Y6、Y14、Y28等窑址中均有出土，均为楷书，刻划在圈足、撇足、卧足盘的外底，多数器物为素面，仅见3件有纹饰者，其中2件盘的内底分别划双蝶纹、龟伏荷叶纹，另1件碗的外壁刻莲瓣纹，内底戳印莲纹。这些纪年文字的发现，为越窑青瓷的断代，起到了一个标尺的作用。

3．数字、方位字

数字、方位字有"上"、"中"、"王上"、"朱上"、"大十"、"四"、"五"、"六"、"七"、"八"、"九"、"十"等，多见于唐宋时期间隔具的外底和夹沙耐火土匣钵的外壁。这些数字很可能用来表示装烧坯件的窑位次序和方位。

4．记事文字

记事文字主要刻划在器物的内外壁。文字有"（弟）子吴从初舍入风林庙供养"、"巧手王……岁六月十九日记"、"美人头鲍五郎者用烧官物不得滥将恶用"、"上林窑（自）……年之内一窑之民（值）于监……（交）代窑民……"1998年在上林湖荩白湾上Y21窑址北宋时期的堆积中发现一件圆锥形窑炉孔塞，上有"官"字，说明某个窑位的产品是贡品。这些文字不同程度地反映了官府与窑民的关系，为进一步研究唐宋时期贡瓷制度提供了重要依据。

5．其他文字

这类文字在上林湖及其周围的北宋早期窑址中常有发现，有"上"、"大"、"永"、"天"、"吉"、"辛"、"千"、"供"、"子"、

"内"、"丁"、"乙"、"己"等文字，均刻划在碗、盘、盆、盒等器的外底，这些器物在制品当中，制作精细，造型优美，釉色滋润，刻划线条流畅，纹样繁多，形象生动，可谓越窑之精品——"秘色瓷"。在辽统和三年（995年）韩佚墓中出有底划"永"字款的人物执壶，元德李后陵也出有底划"千"字款的套盒，台湾澎湖也发现了233件"丁"字款和1件"子"字款的越窑青瓷器。可见带这类文字款的器物应是上林湖的产品。

（六）　仿制品辨伪

近年来，随着民间收藏活动的蓬勃兴起，在市面上仿制的越窑青瓷越来越多。虽然多数仿制品的造型、釉色、装饰花纹与真品相差甚远，易被识破，但也有非常相似的，一般收藏者很难明晰分辨。现就如何辨别仿制的越窑青瓷，提出以下几个鉴别方法，供读者参考。

1. 器物造型

越窑在各个历史时期，有其不同的造型特征，因此，掌握越窑青瓷各类产品的时代特征及器型演变是非常重要的，只有这样才能提高鉴别能力。见到一件青瓷器，首先看其造型是否符合时代特征，这是鉴别仿制品最基本的方法之一。有的仿制品造型与越窑青瓷接近，甚至逼真，但有的也相差甚远。

2. 胎、釉

越窑青瓷的胎质灰白，无大的变化。唐代早期对原料的粉碎、淘洗不够精细，胎质含有沙粒。从唐代中期开始胎质细腻，不含沙粒，一直到北宋。从总体上看，北宋时期的胎色与唐、五代相比，前者较后者稍灰。越窑青瓷器均为拉坯成型，而仿制品有拉坯成型的，也有模制泥浆灌注的。拉坯成型的仿制品往往胎壁较厚，重量稍重；模制泥浆灌注的仿制品重量较轻。仿制品的胎色有的与越窑接近，也有的较白或稍灰。

釉色，唐代早期，有青黄、青灰和淡青，釉层薄而不匀，有泪釉现象，少光泽，器底和圈足往往露胎。唐代中期开始至五代，釉色以青黄居多，还有青灰、青绿，釉层均匀，滋润光泽，呈半透明状，有玉质感。北宋时期，釉色仍以青黄为主，还有青灰、青绿，釉层薄而透明，晶莹润泽。而仿制品釉色虽然与越窑相近，但釉层较越窑厚，光泽强而刺眼，给人以新的感觉。有的器物经过做旧，使釉层不刺眼，无新的感觉，但又出现了釉层不滋润、无光泽、干燥的现象。

3. 装饰工艺

越窑青瓷的装饰工艺，主要表现在装饰技法和纹样题材两个方面。装饰技法主要有刻花、划花、印花、堆塑、褐色彩绘、镂雕等。纹样有植物纹、动物纹、昆虫纹、人物纹、几何形纹等。装饰技法新颖多变，花纹繁多，构图美观。了解各个历史时期的装饰技法和花纹特征，是鉴别仿制品的一个重要方面。仿制品刻划花的线条多不够流畅，呆板，无生气。划花线条较越窑粗，花纹的时代特征往往出现早晚颠到。如盛行于北宋早中期的莲瓣纹、水波纹等花纹装饰在五代时期的器物上。

4. 装烧方法

越窑青瓷的装烧方法主要有二种，为明火叠烧和匣钵装烧。不论采用哪一种装烧方法，均用泥点作间隔，这是为防止器物与器物、器物与匣钵粘连所采用的一种技术。它贯串在越窑装烧技术发展变化的整个过程。掌握这个发展变化过程，对鉴别仿制品是非常重要的。首先要了解泥点间隔部位的变化。唐至五代时期，泥点间隔的部位在器底边缘和圈足的足端。为避免泥点被黏，在器底边缘和足端刮釉。五代晚期，大量采用垫圈间隔装烧，因此，泥点的部位从足端移至外底，使器物的足端包釉，光滑。北宋初期开始，器物普遍采用垫圈间隔装烧，直至晚期。凡采用垫圈间隔装烧的器物，泥点的部位均在外底。其次要了解泥点的变化。唐代早期，泥点呈不规则的三角形，唐中期开始，泥点多呈松子状。到五代器物圈足变窄，泥点随之变小。北宋早中期，泥点为长条形，从中期开始泥点变成环形，直到晚期。唐至五代时期器物的底缘和足端刮釉部位往往呈暗红色，留下泥点痕迹，而仿制品露胎部位的颜色较真品深暗。由于使用垫圈装烧，泥点从足端移至外底，泥点部位不刮釉，因此，泥点往往被黏住，泥点较疏松，用手指甲一抠，易脱落。而仿制品的泥点坚硬，不易脱落。

除上述四方面外，还应注意作伪的几种手法。其一，作伪者常把残缺的器口、柄、流、耳等部位进行修补，成为一件完整器；其二，把残缺的整个部位切割掉，然后进行调换、黏结。因此，要特别注意器物的折角处，是否有黏结的现象。其三，张冠李戴。常见罐盖、盒盖不是原配的器物，往往出现釉色相差甚远，不弥合，有的上下器形不协调等现象。

（七）　鉴定范例

目前在市面上常可见到越窑仿制品，产品种类较多，有壶、罐、罂、碗、盏、盏托、盒、瓶等。现试举数例，供鉴定时参考。

1．八棱瓶

真品直口，长颈，八棱腹，圈足。颈呈八棱，颈肩处饰三条凸棱线，青绿釉，晶莹滋润，有玉质感。

图200.唐·八棱瓶（右：正面；左：底面）

图201.现代·仿唐八棱瓶（右：正面；左上：底面）

图202.现代·仿刻花人物纹壶（上：正面；下：底面）

足端刮釉，有泥点痕。（图200）

仿制品造型与真品接近，颈下部的八棱不明显，颈肩处的三条凸棱线较真品浅；釉色青黄，釉层比真品厚，开冰裂纹，无玉质感；足端无釉露胎，无泥点痕。仿制品为模制，重量较真品轻。（图201）

2．划花人物纹壶

真品为直口，瓜棱鼓腹，圈足外撇。肩腹置长流、高曲柄。塔形盖，顶钮似一个含苞的花蕾，盖口壁有两个系绳的小孔。通体划云纹、卷草纹、人物宴乐图。线条纤细，流畅。胎薄细腻，釉色青灰。外底有长条形泥点痕，划"永"字。（图203）

仿制品的型制与该壶相似，为模制；划花线条较真品稍粗，呆板；釉色青黄，光泽强，刺眼，釉层较真品厚；圈足比真品直而宽，足端无釉，呈暗红色，外底无长条形泥点痕。（图202）

3．盒

真品子口，弧腹，卧足。盖面较鼓，面刻荷叶纹，顶置蒂形钮，施青黄釉，外底有环形泥点痕。（图204）

仿制品的造型大致与真品相近，盖顶为圆柱钮，与真品不同；线条较密，呆板，毫无生气；釉色青黄灰暗，无光泽。泥点在足部，与真品不同。（图205）

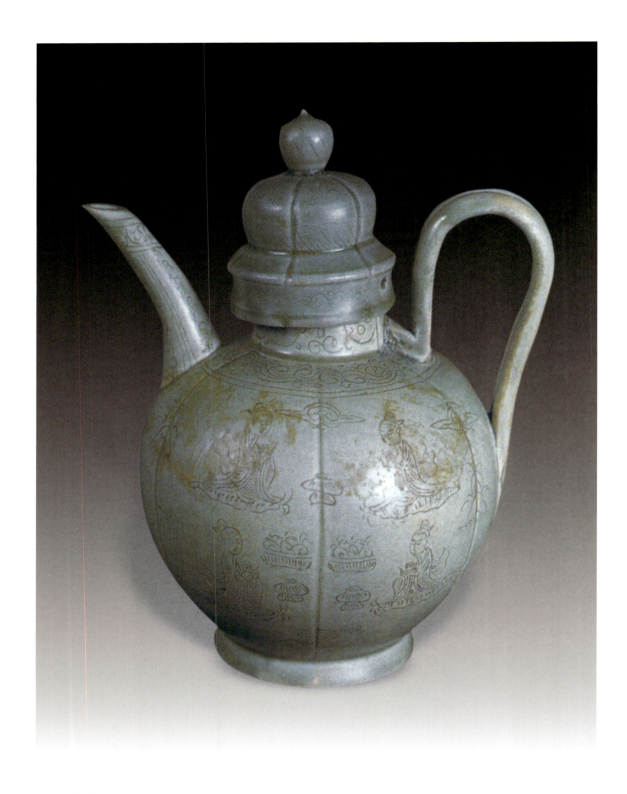

图203.北宋·宴乐人物纹执壶

4. 盖托

真品敞口，折沿，折腹，圈足外撇。口压六曲，内底置托座，莲瓣纹，底有一圆孔，外周有环形泥点痕。釉色青黄，少光泽。（图206）

仿制品的型制与真品接近，釉色青灰，泛蓝。这种泛蓝的色调为越窑所不见。胎壁及釉层较真品厚重。

泥点虽呈环形，但坚硬，不易脱落。（图207）

5. 凤穿牡丹纹盒

真品子口，折腹，圈足外撇。盖面微弧，刻划凤穿牡丹，刻划线条流畅，立体感强。釉色青绿。外底有环形泥条痕。（图208）

仿制品的造型、釉色与真品非

常相似，是一件相当不错的作品。刻线较真品细，相对而言立体感稍差。翅膀的羽毛为倒划线条，这种划法为越窑所没有。盒底的泥点为长条形，坚硬，不易脱落。从装烧方法来看，所仿时代为北宋早期；从刻划的纹饰来看，此盒系仿北宋中期。两者相互矛盾。（图209）

图204.北宋盒（左：正面；右：底面）

图205.现代·仿北宋盒（上：正面；下：底面）

图206.北宋盏托（上：正面；下：底面）

图207.现代·仿北宋盏托（右：正面；左：底面）

图208.北宋凤穿牡丹纹盒（上：正面；下：侧面）

图209.现代·仿北宋凤穿牡丹纹盒（左：正面；右：底面）

第四章 名品鉴赏

1.秘色瓷碗 唐（618－907年）

高9.4厘米　口径21.4厘米　足径9.9厘米

　　1987年陕西法门寺唐代塔基地宫出土。法门寺博物馆藏。侈口，斜腹内收，高圈足外撇。口刻五曲，曲下外壁划竖棱线，呈五瓣花瓣，像一朵盛开的花朵。通体施釉，釉色青绿，滋润，釉层均匀纯净，半透明状，具有"似冰如玉"的温润美感。晚唐陆龟蒙有"九秋风露越窑开，夺得千峰翠色来"的诗句赞美青瓷的釉色，晚唐诗人徐夤对越瓷的釉色也有过这样的赞美："捩翠融青瑞色新，陶成先得贡吾君；巧剜明月染春水，轻旋薄冰盛绿云；古镜破苔当席上，嫩荷涵露别江滨；中山竹叶醅初发，多病那堪中十分？"

　　这件碗出土于陕西法门寺唐代塔基地宫，同出的有瓶、碗、盘、碟等14件越窑青瓷。地宫隧道内出土的《监送真身使随真身供养道具及恩赐金银宝器衣物帐》，把这批越窑青瓷明确记载为"秘色瓷"，是唐懿宗李崔咸通十五年所恩赐。这批秘色瓷的出土，揭开了秘色瓷神秘的面纱，为鉴别提供了一批标准器。考古资料表明，慈溪上林湖是烧造秘色瓷的窑场，在唐宋时期窑址中，出土了大量的秘色瓷，器物有碗、盘、盏、盒、壶、罐、钵、灯、托、熏炉、罂、瓶等，制作精致，造型端庄优美，釉色晶莹滋润，为越窑青瓷之精粹。秘色瓷创烧于晚唐，鼎盛于五代、北宋初期，一直延续到中期，烧造时间达3个世纪之久，在中国陶瓷史上写下了光辉灿烂的一页。

2.秘色瓷盘 唐（618－907年）

高6.2厘米 口径24.5厘米 底径9.5厘米

　　1987年陕西法门寺唐代塔基地宫出土。法门寺博物馆藏。侈口、浅腹、平底。口呈五曲，曲下外壁划竖棱线，形似盛开的花瓣。通体施釉，釉色青绿，滋润，釉层均匀纯净。外底有一圈泥点垫烧痕。碗、盘、盏等器口呈四曲、五曲，曲下外壁划竖棱线，似一朵盛开的花朵。这种造型艺术始于唐中期，晚唐流行，一直延续到宋代。而这种造型仿自唐代金银器，它始终影响着越窑青瓷造型的演变。

3.褐彩云纹罌 唐（618－907年）

通高66.5厘米 口径19.8厘米 底径16厘米

　　1980年浙江临安县明堂山唐天复元年水邱氏墓出土。临安市文物馆藏。由盖和器身二部分组成。盖呈半球形，顶部置荷叶，上托花蕾状钮，花蕾上用褐彩绘出花瓣，压印出五条竖棱线，以增强花蕾的立体感；盖面上划三周弦线，绘褐彩如意纹。器身盘口，长颈，圆肩，弧腹，圈足外撇。肩部划三周弦线，从颈至下腹绘褐彩如意云纹。通体施青黄釉，釉色滋润，光泽。整器高大，规整，制作精美，体现了唐代越窑高度发达的制瓷工艺水平。

　　唐代褐彩装饰技法可追溯到早期越窑。1983年南京三国东吴晚期墓中出土一件盖壶，通体装饰褐彩图案，外罩青黄釉，是目前发现最早使用褐彩装饰的器物。褐色点彩装饰出现于西晋，流行于东晋、南朝，主要装饰在器物的口、系和动物眼部等。褐彩斑始于南朝，唐代中期也有发现，晚唐、五代采用褐色彩绘，多见褐色云纹，宋代盛行刻划花，褐彩装饰少见。

4.褐彩云纹熏炉 唐（618－907年）

通高66厘米 口径36.5厘米 座径41厘米

　　1980年浙江临安县明堂山唐天复元年水邱氏墓出土。临安市文物馆藏。熏炉由盖、炉和座三部分组成。盖，头盔形，顶部置含苞欲放的花蕾，并镂花孔和绘褐色如意云纹；盖面上部镂菱形花孔和绘褐色菱形、如意云纹。炉，直口，宽平折沿，直腹，平底，下腹置五只虎首兽足，虎额均有"王"字、口沿、腹等部位绘褐色云纹和如意云纹。座，作环形须弥座状，束腰部镂壶门，绘褐色如意云纹。通体施青釉，由于各部位的烧成温度不同，盖呈青色，炉和座呈青黄色。此炉体形硕大，造型别致，制作精细，是一件十分罕见的唐代越窑佳作。

　　此炉，与之同出的还有油灯、盖罂、碗、罐、粉盒、油盒等20余件越窑青瓷。据近年来的窑址调查，在慈溪市上林湖发现了与墓中出土青瓷器相同的残片和褐色彩绘云纹装饰。可见这批越窑青瓷应是上林湖的产品。

5.蟠龙罂 唐（618 – 907年）

高41.3厘米 口径21厘米 底径10.9厘米

上虞市丰惠镇庙后山唐乾符六年墓出土。上虞博物馆藏。盘口，喇叭颈，鼓腹，下腹斜收，平底。颈肩部粘贴四个对称的长鋬，环绕四耳堆贴一条蟠龙。龙首上扬，张牙咧嘴，四足，每足三爪，龙身戳印鳞片。施青黄釉，下腹近底处露胎；釉面光润而不透明。蟠龙罂是越窑青瓷的常见器，最初的蟠龙堆贴于罂的颈部，颈肩处四系，后由系演变成长鋬，蟠龙贴附在长鋬上，具有一种腾云驾雾的艺术效果。这件蟠龙罂，器型规整，造型生动，是同类器物中的精品。

6.带托盏 唐（618－907年）

碗高4.5厘米 口径11.7厘米

托高3.5厘米 口径14.6厘米

　　1978年浙江宁波市和义路出土。宁波博物馆藏。碗和碗托是配套的茶具。盏，侈口，弧腹，高圈足外撇。口刻五曲，曲下外壁划竖棱线，似五个花瓣；釉色青绿、光泽。托，敞口，斜腹，圈足。口刻四曲，沿边上卷呈荷叶状。把盏设计成盛开的一朵荷花，托则如四边上卷，随风飘曳的荷叶。唐代诗人皮日休用"圆似月魂坠，轻如云魄起"、孟郊用"蒙茗玉花尽，越瓯荷叶空"来赞美茶碗造型。李商隐的《赠荷花》诗："世间花叶不相伦，花入金盆叶作尘。惟有绿荷红菡萏，舒卷开合任天真。"道出了"红花虽好却要绿叶扶持"的道理。而这件盏托造型，花与叶珠联璧合，在清纯的釉色映照下，宛如出水芙蓉，令人赏心悦目。这件作品构思巧妙，别具匠心，涵义深刻，耐人寻味。

7.碟 唐（618－907年）

高2.2厘米 口径10厘米 足径4.2厘米

　　1995年浙江慈溪市上林湖荷花芯窑址出土。浙江省文物考古研究所藏。敞口，卷沿，坦腹，圈足。内底腹刻划荷花纹。青黄釉，釉层均匀润泽。造型规整，制作精美。

8.海棠杯 唐（618－907年）

高4.4厘米　口径12.4厘米×7.6厘米　足径4.9厘米

　　慈溪私人收藏。侈口，椭圆形，压四曲，腹壁斜收，圈足。施青釉。杯内壁划对称二片荷叶，线条简洁，荷叶随风吹拂，摇摆自然，形象生动逼真。唐代晚期，越窑进入繁盛时期，产品种类繁多，许多器物造型仿自金银器。此器的造型和划花装饰纹样都仿自唐代"多曲银杯"。

9.砚滴 唐（618－907年）

高6.7厘米 口径3.2厘米 足径6厘米

1977年慈溪雁门公社邱王大队出土。慈溪市博物馆藏。由上下两部分黏合而成。上部似斗笠形盖，顶置小盘口注水孔；下部为浅腹盘，一侧有鸭嘴形流。通体施青黄釉，釉色温润亮泽。器形小巧别致，在唐代同类器物中比较罕见，是一件难得的越窑青瓷器。

10.水盂 唐（618－907年）

高4.6厘米 口径3.2厘米

余姚谷利民收藏。敛口，鼓腹，平底，腹部出四道筋，与四足相连。外腹划四朵荷花纹，饰褐彩。施青釉。

水盂，属文房用具。唐代水盂的式样较多，有平底水盂、四足水盂、圈足水盂、假圈足水盂等。装饰以素面为主，也有在上腹划竖棱纹、荷花、荷叶等。器形小巧，式样优美。

11.盏托 唐（618－907年）

高2.8厘米 口径7.5厘米 足径5.6厘米

东方博物馆藏。四曲花口，宽平沿四出筋，托圈内凹，弧腹，圈足。施青釉，莹润光洁，有冰裂纹。制作规整，造型精美。

12.唾盂 唐（618－907年）

高10.6厘米　口径16.3厘米　足径7厘米

　　慈溪浙东陶瓷博物馆藏。敞口，四曲，曲下外壁划竖棱线，束颈，圆鼓腹，圈足。施青黄釉，釉面光洁滋润，造型优雅。

　　唾盂，也叫"唾器"，安徽阜阳县双古堆西汉汝阴侯墓出土的漆唾器，底有"汝阴侯唾器六年……"铭文。瓷唾盂最早出现于三国。三国、西晋时期的造型为敞口，球形腹，高圈足；东晋时演变为盘口，鼓腹，平底或假圈足；南朝时，盘口增高，扁圆腹，假圈足；到唐代逐步演变成大口宽沿，束颈，弧腹，圈足。五代、北宋时期的唾盂与唐代风格虽有不同，但总体上仍保留着唐代的大口宽沿，束颈，弧腹，圈足的遗风。

13.熏炉 唐（618－907年）

通高9.8厘米 口径9.4厘米 足径13厘米

　　1985年浙江三门县聚氨脂厂基建工地出土。浙江三门县博物馆藏。由盖和炉身两部分组成。盖直口，弧面，顶置一钮，周边镂四个花瓣孔，面镂四朵花卉。炉身，子口，直腹，高圈足外撇，有二个小圆孔。通体青釉，釉层均匀、莹润。器形端庄稳重。

14.油盒 唐（618－907年）

高7厘米 口径4厘米 足径5.6厘米

　　东方博物馆藏。由盖和盒身组成。盖直口，弧面，顶部上凸呈平面，上置一钮。盒身敛口，直腹，浅圈足。施青釉。器形扁圆，造型端巧。湖南长沙窑曾出土此种盒，在盖上书写"油盒"两字。

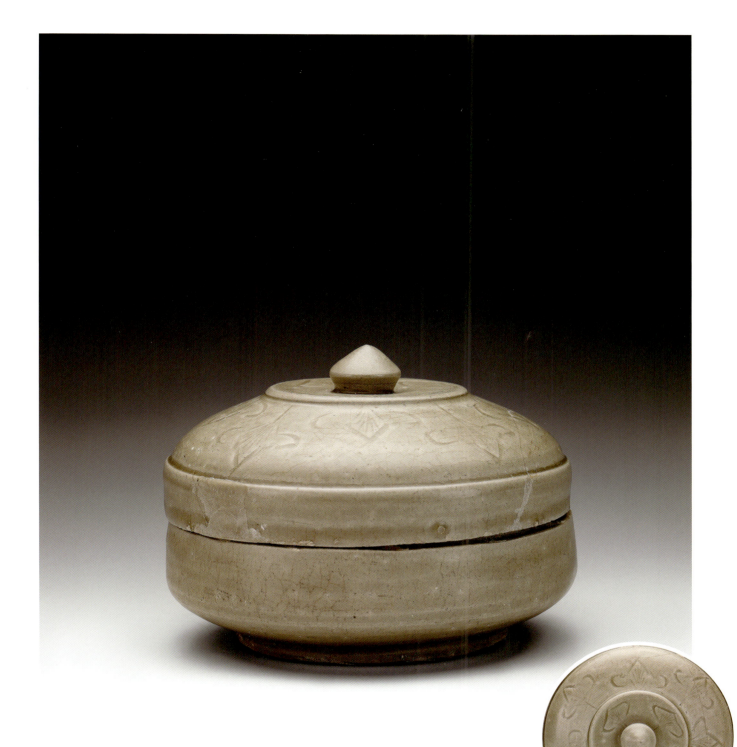

15.粉盒 唐（618－907年）

通高8.6厘米　口径4.7厘米　足径6.7厘米

慈溪浙东陶瓷博物馆藏。由盖和盒身组成。盖，弧面，顶部上凸成一平面圆，中心置花蕾钮，周围划四荷叶，圆外围划二层八荷叶纹，似一朵盛开的荷花；盒身，子母口，折腹，圈足。通体施青釉。

16.粉盒 唐（618－907年）

通高1.5厘米、口径4.7厘米×3.7厘米、座径4.5厘米×3.5厘米

　　慈溪市博物馆藏。盒呈腰子形，子母口，浅腹、平底。盖直口，面平，上刻荷花，盖缘一侧刻二曲。通体施青釉，釉色滋润。这件盒的造型成腰子形，打破了一贯沿用圆形造型，并配以划花和曲口，使边缘起伏。整个造型细巧玲珑，式样优美，线条流畅，制作精致，是一件精品之作。

　　唐代越瓷以其"类冰"、"类玉"、"千峰翠色"的釉色取胜，然而刻划花的出现，为翠色的青瓷锦上添花，也为北宋时期盛行刻划花的装饰奠定了基础。这一时期刻划花的纹样主要是荷花、荷叶，式样繁多，千姿百态，可见唐人对荷花的酷爱。这种荷花装饰一直沿用到宋代。宋代理学家周敦颐在《爱莲说》中以菊花喻隐逸者，以牡丹喻富贵者，以莲花喻君子。他赞美荷花有"出淤泥而不染，濯清涟而不妖"的高尚品格，装饰更加广泛。花纹有龟心荷叶、荷花、莲瓣纹、鸳鸯戏荷，双鱼戏荷等。

17.凤头壶 唐（618-907年）

高6.4厘米 足径3厘米

　　1980年浙江宁波市十字路伟丰岭出土。宁波博物馆藏。壶的上部为捏塑的凤头，短颈，鼓腹，外撇假圈足。上腹置六棱流，肩颈间安圆形把。施青釉，开冰裂纹。器形小巧玲珑，新颖别致，是一件难得的陈设瓷。同类器在上林湖荷花芯窑址有出土。

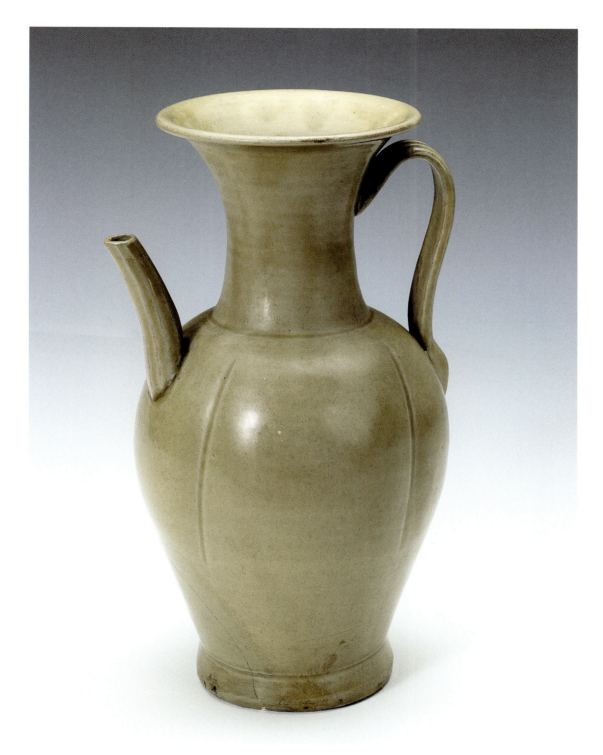

18.瓜棱执壶 唐（618－907年）

高25.8厘米　口径11厘米　足径8.3厘米

　　1975年浙江宁波市和义路遗址出土。宁波博物馆藏。喇叭口，筒颈，瓜棱腹，矮圈足。颈肩部置多棱微曲长流和扁带状曲把。釉色青翠，纯净光亮。器形修长，优美，是晚唐时期越窑青瓷中的精品。

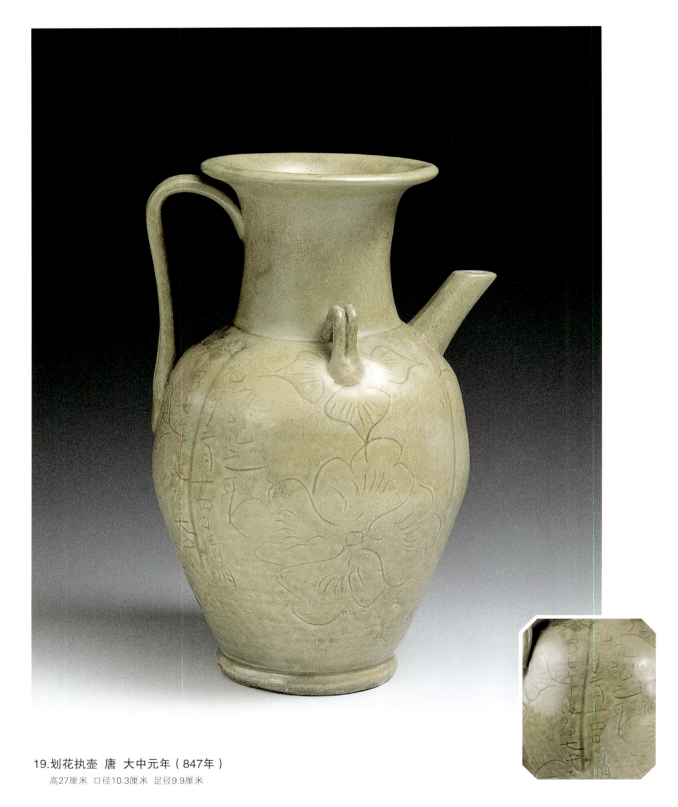

19.划花执壶 唐 大中元年（847年）
高27厘米 口径10.3厘米 足径9.9厘米

　　上海博物馆藏。喇叭口，筒颈，瓜棱腹，圈足。肩部置对称双系和多边形流，上腹及颈间安扁状曲把，腹肩部划荷花纹和"会昌七年改为大中元年三月十四日清明故记之耳"铭文。施青黄釉，釉层均匀，润泽。执壶上既有划花，又有绝对纪年，这为我们推断这种花纹流行和执壶造型的年代提供了一个标尺，是一件十分难得的越窑珍品。

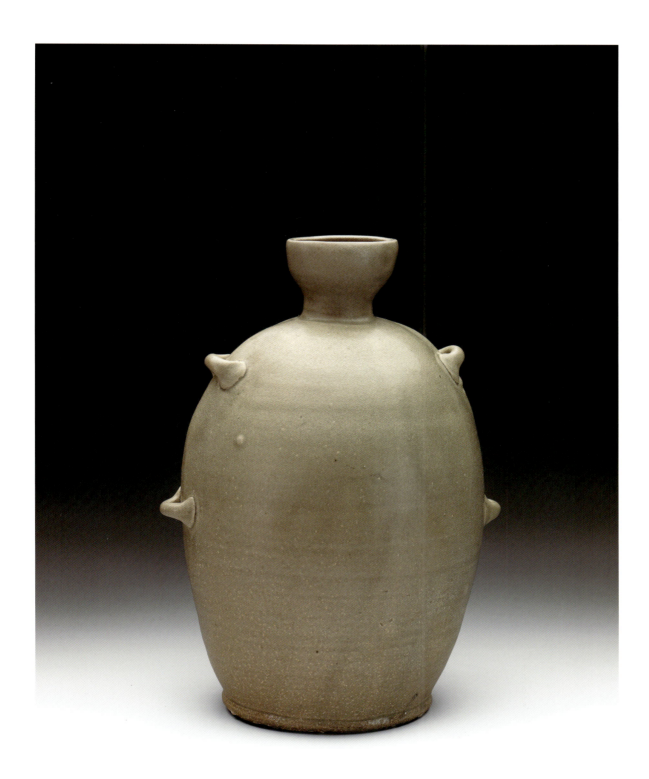

20.穿带壶 唐（618－907年）

高23.6厘米　口径5.3厘米×4厘米　底径8厘米

慈溪浙东陶瓷博物馆藏。直口，椭圆形，束颈，椭圆形扁腹，圈足。肩、腹各有2个对称的穿带系，青釉，釉层均匀，滋润，呈半透明状。此器造型新颖，别具一格，制作规整，浑厚稳重，为越瓷中少见。

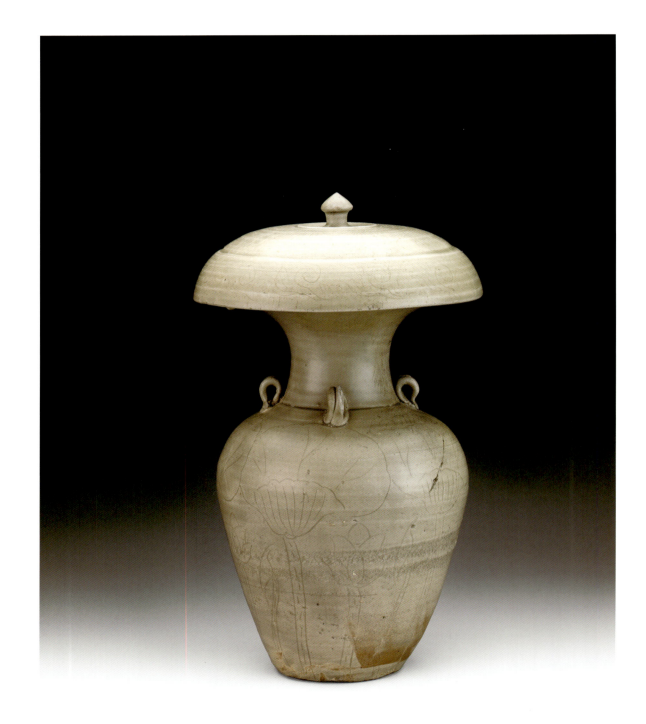

21.荷花纹罂 唐（618－907年）

通高26.1厘米 口径15.6厘米 底径7.9厘米
米厘2.9高盖

慈溪私人收藏。由器身和盖组成，通体施青釉。器身，浅盘口，短颈，弧腹，平底。颈肩处置四系。肩、腹部划出水芙蓉图。盖，弧面，顶部有一圆形面，微凸，中心置一钮，呈花蕾状，四周划七片荷叶纹，沿面划卷云纹一周。整个盖面纹样似将要盛开的荷花，四周围着一周荷叶。唐中期越窑出现刻划花装饰，晚期比较流行，荷花是唐代主要装饰纹样。此器荷花线条刚劲有力，荷叶随风摇摆，翻转，动感自然，惟妙惟肖。这幅出水芙蓉图，从一个侧面反映了唐代工笔花鸟画艺术影响到越窑青瓷装饰上。

22.多角罂 唐大中二年（848年）

通高26.5厘米　口径5.4厘米　底径8.9厘米

　　徐其明收藏。由器身和盖组成，通体施青黄釉。器身敛口，圆塔形，平底。分三层，每层上部堆贴对称四角，角上翘，角尖有一小孔，底层划有"维唐大中二年岁次戊辰十一月"铭文。盖直口，塔形。在出土的唐代多角罂中，有纪年的非常少见，该器的出土，对多角罂的断代提供了依据。宁绍地区的方言中，"角"与"谷"同音或谐音，"多角"寓意"多谷"，象征农业丰收。

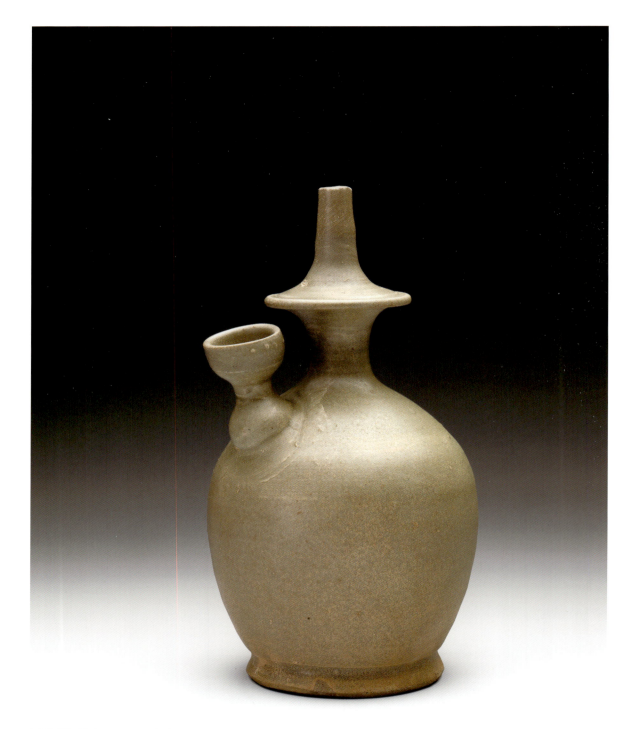

23.净瓶 唐（618－907年）

高15.4厘米 口径2.1厘米 底径5.9厘米

　　夏立大收藏。小直口、细长颈，颈中部为扁圆形的凸棱，鼓腹，假圈足。肩部的一侧置一漏斗状注水口，施青釉。该器造型别致，端庄，稳重。越窑青瓷净瓶式样较多，但带注水口的净瓶少见。唐代佛教盛行，与佛教有关的新型器具不断出现在陶瓷器中，净瓶就是其中的一种。这种型制的净瓶除越窑生产外，在北方的邢窑、巩义黄冶窑、定窑等都有烧制。

24.罐 唐（618－907年）

高13.5厘米　口径18.2厘米　足径10.6厘米

　　浙江中立古陶瓷博物馆藏。直口，深弧腹下收，矮圈足。口沿下方开有两个对称的小圆孔耳，应用于装环或系绳。施青黄釉，滋润肥厚。造型简洁，稳重大方。

25.双耳罐 唐（618－907年）

高20厘米　口径17.5厘米　足径12.5厘米

　　慈溪浙东陶瓷博物馆藏。直口，高领，折肩，弧腹，圈足外撇。肩部贴对称琵琶形双耳。施青黄釉，开冰裂纹。器形规整，端庄素雅。

26.秘色瓷金扣碗 五代（907－960年）

高5.4厘米 口径14.8厘米 足径6.1厘米

　　1979年苏州市吴县七子山出土。吴县文物管理委员会藏。侈口，斜弧腹，圈足。釉色青绿，口包金边，外底有一圈泥点支烧痕。造型端庄，稳重，采用黄金镶口，使得更加华贵。应是这一时期秘色瓷的代表作品。

　　五代时期，割据两浙的钱氏政权为保境安民，不断向中原政权上贡方物，其中秘色瓷是重要的方物之一。在史籍中所载上贡的"金银棱瓷器"、"金银饰陶器"、"金扣越器"、"金扣瓷器"数量惊人，次数频繁。据《吴越备史》卷四载，仅钱弘俶向北宋进贡"金银饰陶器"就达14万件。"金棱秘色瓷"、"金银饰陶瓷"、"金扣越器"、"金扣瓷器"，其实是对秘色瓷的再加工，采用金银材料来装饰，使其更加华丽珍贵。

27.瓜棱形盖罐 五代（907－960年）

通高15.6厘米 口径4厘米 足径6.6厘米

　　1996年浙江临安市玲珑镇祥里村庵基山天福四年（939年）马氏王后康陵出土。临安市文物馆藏。子口，瓜棱深腹，圈足，微外撇。肩置对称三股泥条形双耳，口部及足端有泥点痕。盖呈塔形，口壁有一系绳的小孔，顶似一个含苞欲放的花蕾。通体施青绿釉，釉色晶莹、润泽。

　　瓜棱的装饰始于唐代中期，晚唐、五代盛行，一直延续到北宋。罐的最大腹径从晚唐时期的上腹，移至腹的中部，使整个造型端庄稳重，更加优美。这种环形耳，也出现于唐中期，晚唐五代常见，一直延续到北宋。耳主要粘贴在壶、罐的肩部。耳贴在壶上，无实用价值，起装饰性作用；罐耳多见有双耳、四耳，可系绳，既实用，又起到装饰性作用。

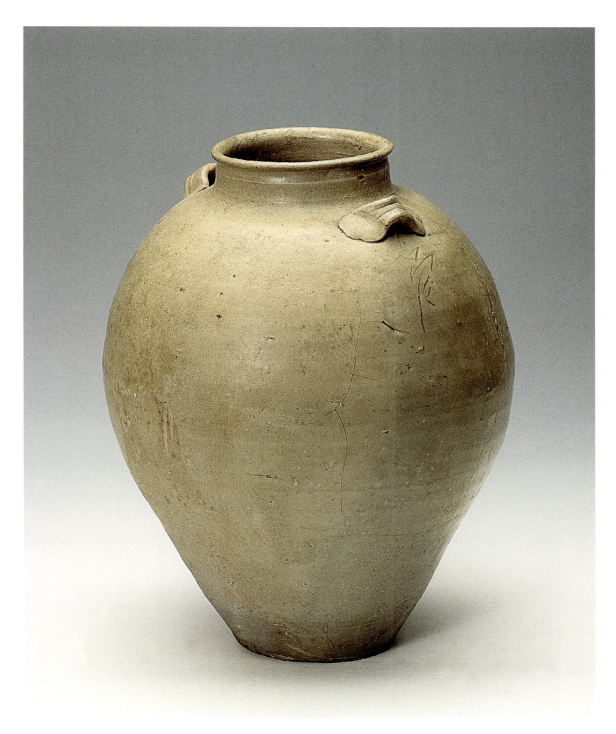

28.双系罐　五代（907－960年）

高28.6厘米　口径9.5厘米　底径8.5厘米

　　1970年浙江临安县板桥五代墓出土。浙江省博物馆藏。直口，圆唇外卷，短直颈，溜肩，深弧腹，平底。肩部粘贴对称双系，上腹刻划一"官"字。施青黄釉。从目前发表的资料来看，五代越窑带"官"字款的器物仅此一件，出土于吴越国功臣墓，可纳入贡瓷范围，十分难得。

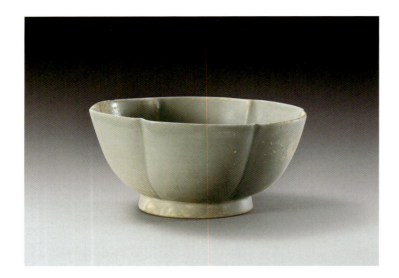

29.碗　五代（907－960年）

高7厘米　口径14.4厘米　足径7.6厘米

　　1996年浙江临安市玲珑镇祥里村庵基山天福四年（939年）马氏王后康陵出土。临安市文物馆藏。侈口，弧腹，圈足微外撇。口沿至圈足外壁压印六条等距直棱线，内壁相应凸出六条棱线。施青釉。胎壁薄而轻巧，器形规整，典雅。

30.套盒　五代（907－960年）

高6.7厘米　长14.3厘米　宽14.3厘米

　　1996年浙江临安市玲珑镇祥里村庵基山天福四年（939年）马氏王后康陵出土。临安市文物馆藏。方形，子母口，委角，浅腹，平底，四角至内底出筋。盘置于须弥座形的方足上，盘与座系分别制作粘接而成。座外壁四面各镂两个饰凸线的壸门。施青釉。墓内出土9件方盒，可套叠使用。这类套盒在吴越王钱元瓘墓和苏州吴县七子山五代墓有出土。

31.盏托　五代（907－960年）

高6.7厘米　托杯口径7.6厘米　足径6.9厘米

　　1996年浙江临安市玲珑镇祥里村庵基山天福四年（939年）马氏王后康陵出土。临安市文物馆藏。由托杯与托盘分体制作，粘接而成。托杯置于托盘内底中心，口沿外敞；托盘敞口，圆唇内卷，浅腹，高圈足外撇。施青釉，釉面光泽、滋润。1979年杭州三台山五代墓亦出有相同盏托。其造型与临安市唐天复元年（901年）水邱氏墓出土的银盏托相比，除了托盘口沿稍有不同外，其整体造型相同，表明这类盏托应仿自唐代银器。

32.褐色云纹罂 五代（907－960年）

高50.7厘米　口径21.2厘米　足径14.5厘米

　　1970年浙江临安县板桥五代墓出土。浙江省博物馆藏。盘口，圆唇外卷，喇叭颈，弧腹，圈足。颈肩处置对称双复系，颈腹部绘褐色如意云纹，肩部绘褐色覆莲。施青黄釉。器形规整，硕大，稳重大气。

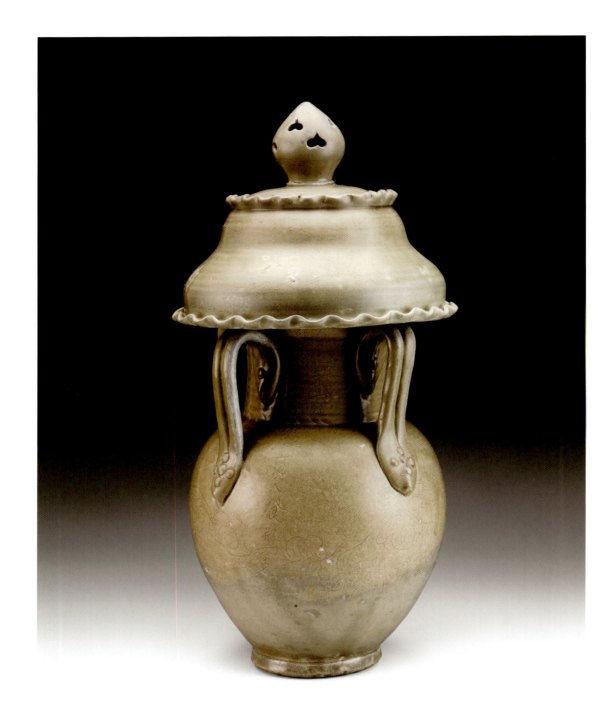

33.黄氏食瓶 五代宝大元年（924年）

通高42.5厘米 口径16.4厘米 足径9.8厘米

周晓刚藏。食瓶带盖。盖似塔形，顶置一钮，呈花蕾状，镂8个心形孔，钮顶端有一个小孔，钮周围及盖沿装饰二层荷叶形翻沿，盖的整体形状似荷叶托着含苞欲放的荷花，飘浮在荷池中。瓶，盘口，短颈，鼓腹，圈足。颈肩部安四系，系两端饰乳钉纹，腹部划细线云草纹一周；颈至腹部刻划"甲申宝大元五月十日清河郡张师道安葬母亲黄氏食瓶一只"铭文2行25字。越窑刻划花出现在唐代，但细线划花始于五代，盛于北宋早期。

34.黄氏墓志 五代宝大元年（924年）

通高27.6厘米 口径9.5厘米 足径14.2厘米

周晓刚藏。由盖、罐和座组成，通体施青釉。盖，呈圆台形，顶部平，上置花蕾状钮，钮顶端有一小孔，盖缘和钮周围装饰二层荷叶翻沿。罐呈直筒状，下腹斜收，外壁通体刻划铭文，自右至左26行，294字。其中：有"唐故清河张府君夫人江夏郡黄氏墓志铭并叙"等语，叙述该人生平，并记其葬于宝大元年（924年）。从出土越瓷墓志来看，其型制较多，有罐形、四边形、八角形、砖形、碑形、塔形等。其中带盖、座的墓志较为多见。这类墓志流行于唐代，一直延续到北宋；出土的范围多为慈溪、余姚二市的区域，非常有地域性，应为上林湖越窑烧制。

35.执壶 五代（907－960年）

通高15.2厘米　口径5厘米　底径5.5厘米

　　慈溪私人收藏。盖半球形，压印六条直棱线，顶有一瓜蔓式钮。壶腹也压印六条棱线，作瓜棱状，与盖相对应，平底。圆流微曲，曲把，通体青釉，釉层均匀，润泽。壶呈瓜形，造型简洁，制作精致，像这样小巧玲珑的瓜形执壶，实属不可多得。

36.碗、托　五代（907－960年）

碗：高9厘米　口径13.5厘米　足径8.2厘米

托：高6.1厘米　口径14.8厘米　足径9.4厘米

　　1956年发现于江苏苏州市虎丘塔第三层。苏州博物馆藏。碗为直口，深腹，圈足；外壁刻三层莲瓣纹。托，花口，外翻，浅腹，高圈足外撇，内底平，中心有一小圆孔，孔外侧刻划"项记"铭文，应是制作该器的窑工姓氏；口沿及足部刻莲瓣纹。通体施青绿釉，釉色滋润，光泽如玉。造型精巧优美。

37.唾盂 五代（907–960年）

高9.8厘米　口径16.8厘米　足径6.6厘米

　　1996年浙江临安市玲珑镇祥里村庵基山天福四年（939年）马氏王后康陵出土。临安市文物馆藏。大敞口，圆唇内卷，束颈，鼓腹，圈足。施青釉，釉面纯净光泽。造型简洁流畅，工整大方。

38.莲花纹盒 五代（907－960年）

通高4.5厘米　口径11.9厘米　底径6.8厘米

　　徐其明藏。扁圆形，子母口，折腹，平底内凹。盖面微弧，顶部戳印莲蓬，四周刻重莲瓣纹，莲瓣丰腴，刻纹刚劲，洒脱，通体施青黄釉。整器偏圆，酷似一朵盛开的莲花漂浮在荷池之中。越窑莲蓬纹始于五代，盛于北宋，南宋少见。

39.莲花纹盒 五代（907－960年）

通高6.7厘米　口径9.1厘米　足径8.6厘米

　　徐其明藏。盒身子口，折腹，圈足外撇。盖面圆鼓，盖顶上凸，戳印莲子纹，围以刻划莲瓣纹。施青釉，釉层均匀、莹润。

　　五代时期，器物装饰仍以素面为主，在刻划花中，莲瓣纹是比较多见的一种纹样。北宋早期较为流行，中期开始莲瓣内填划细线叶脉纹，晚期莲瓣趋于修长。这件盒采用浅浮雕的手法刻出莲瓣纹，整个图案突出，醒目，立体感强，产生了较好的艺术效果。

40.砚 五代 唐长兴四年（933年）

高2.5厘米 长10.9厘米 宽8厘米×9厘米

慈溪浙东陶瓷博物馆藏。箕形，砚首小，砚尾大，三面有沿，砚尾无沿，下有方形两足。砚面三分之二不施釉，其余施青釉。外底釉下阴刻铭文3行："长兴四年造此砚，故记之，四月廿四日"。青瓷砚是一种常见的文房用具。箕形砚的出现，打破了三国至唐代，一直流行圆形砚的形式，为断定同类器的年代，提供了一个实物资料。

41.划花执壶 北宋（960－1127年）

通高18.2厘米　口径4.5厘米　足径7.5厘米

　　1981年北京西郊辽韩佚墓（995年）出土。首都博物馆藏。直口，短颈，瓜棱形圆腹，圈足外撇。肩两侧对置弧形的长流和高曲柄。盖塔形，顶置花蕾形钮，口有系绳的两个小孔。盖面、流、颈肩部划云纹，卷草花纹带，腹饰酒尊、果盘、云纹、人物举觞而座的宴乐图。底划"永"字。釉色青灰，釉层均匀透澈，整体划花，图案清晰，线条纤细流畅，技法娴熟，造型端庄秀丽，使得纹饰、釉色及造型相得益彰，是一件不可多得的越窑佳作。

　　这类带盖执壶，始于唐代晚期，器形修长，五代变矮，呈圆腹，多为素面，到北宋时期，造型与五代相似，采用划花装饰，图案繁多，生动精美。该墓中与执壶同出的还有碗、盏托、碟等越窑青瓷器。这些器物在上林湖北宋早期窑址中常有发现，说明这批越窑青瓷应是上林湖越窑生产。

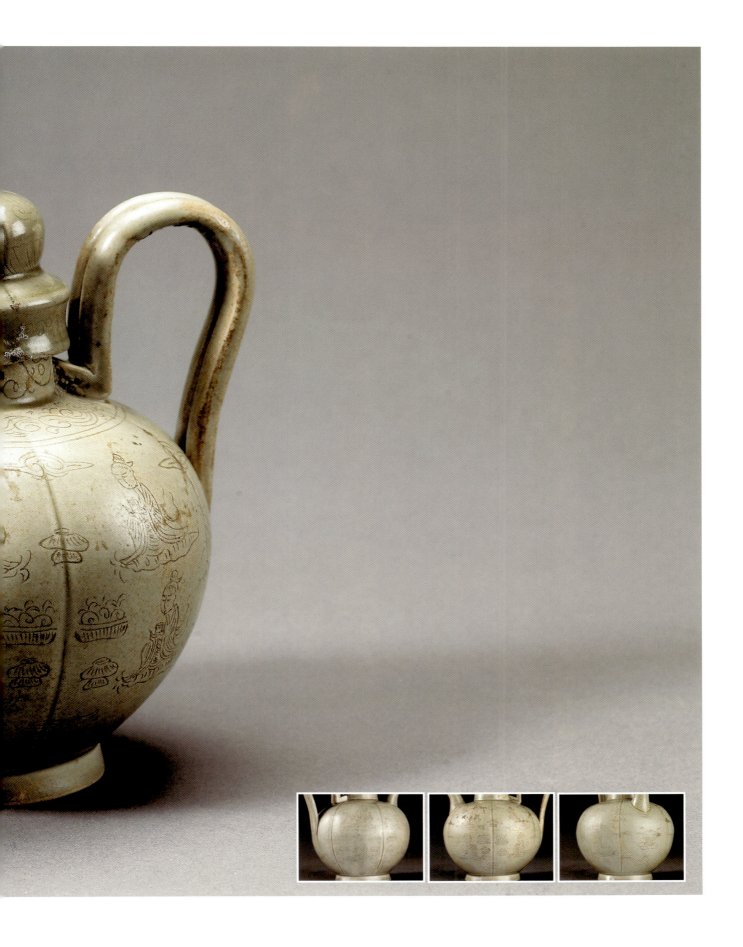

42.温碗　北宋（960－1127年）

高8.4厘米　口径18.6厘米　足径8.6厘米

　　1981年北京西郊辽韩佚墓（995年）出土。首都博物馆藏。侈口外翻，弧腹，圈足。口沿下内壁划一周卷草纹带饰，内底划一对首尾相逐的鹦鹉，构成一个圆形的图案。施青绿釉，釉层均匀润泽。出土时，碗内置一执壶，可见此碗是一件温酒的酒具。

43.菊花纹盘 北宋（960－1127年）

高4.6厘米　口径17厘米　足径10.7厘米

　　1986年内蒙古自治区通辽市奈曼旗青龙山辽开泰七年（1018年）陈国公主墓出土。内蒙古自治区文物考古研究所藏。侈口，弧腹，圈足外撇。口至外壁压印六条对称的凹棱线，内壁有相应的凸棱，内底划三朵缠枝团菊纹，内壁口沿下划一周卷云纹带；外底刻划"官"字款。釉色青灰。

　　从现有的考古资料来看，出土北宋早期越窑青瓷的辽墓有四座。分别是统和十三年韩佚墓（995年）、辽开泰七年（1018年）陈国公主墓、辽贵族耿氏家族墓（M3）和巴林左旗辽祖陵陵园遗址。器物有碗、盘、盏、洗、盏托、杯、执壶、唾盂等。装饰纹样有鹦鹉纹、蝴蝶纹、菊花纹、宴乐人物纹、花鸟纹、蜜蜂纹等。装饰技法都为细线划花，线条纤细繁密，构图对称呼应，笔法洒脱飘逸，制作精美，应是越窑青瓷中的珍品。根据史书记载，北宋朝廷与辽契丹国互派使臣，报聘不断。这批出土的越窑青瓷应是宋帝聘送辽国的礼物。

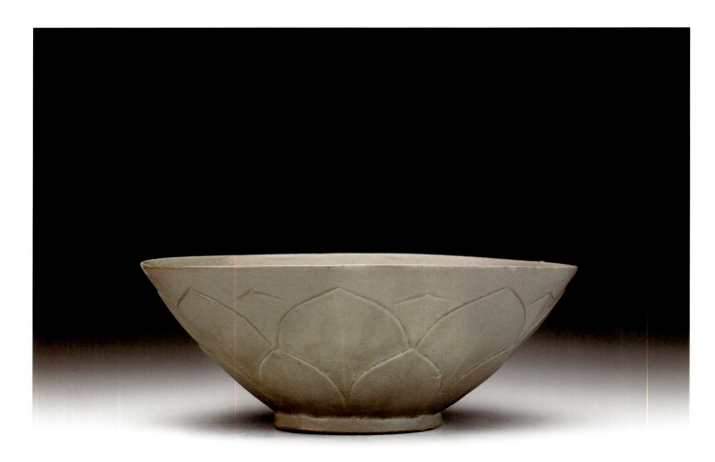

44.凤纹碗 北宋（960－1127年）

高6.7厘米　口径9.1厘米　足径8.6厘米

慈溪私人收藏。敞口，斜腹，圈足。口沿下内侧饰一周卷草纹带，内底划首尾追逐的双凤，外壁刻三重莲瓣纹，施青釉。此器形较大，制作工整、精美，刻划线条纤细流畅，形象逼真，栩栩如生，是一件北宋早期越窑精品之作。

45.蝴蝶纹盘 北宋（960－1127年）
高4厘米　口径11.9厘米　足径6.5厘米

　　东方博物馆藏。侈口，浅腹，圈足外撇。口呈六曲，曲下外壁压六条直棱线，间饰镂孔蝴蝶纹。通体施釉，釉色青黄。在越窑青瓷刻划花中，蝴蝶纹是北宋时期比较常见的一种纹样，但镂孔的蝴蝶纹实属罕见。

46.童子纹盒 北宋（960－1127年）

残高4.1厘米　口径12.9厘米

　　浙江中立古陶瓷博物馆藏。子母口，折腹，圈足脱落。盖面微弧，划二周弦纹圆，圆内印二折枝花，围成圈，中间部位印一童子。童子额头戴冠，身着花衣，颈挂项圈，双手戴镯，右手抓住花枝，左腿盘曲，坐在花枝上；小嘴，浓眉，眯着双眼，一脸微笑。外划四组卷云纹。通体施釉，釉色青黄。在越窑青瓷装饰纹样中，以植物花卉为主，动物次之，人物较少见。该器构图新颖，极富民间情趣，非常难得。

47.兽头四系罐 北宋（960－1127年）

高14.6厘米　口径4.9厘米　足径4.5厘米

　　慈溪浙东陶瓷博物馆藏。直口，矮颈，折肩，深腹，卧足，缺盖。颈肩部贴四个兽头系，间划草叶纹，折肩处划二道弦线，腹划对称的四组四条直线纹，间划上下二朵花草纹，近足部划三条弦纹。施青釉。北宋晚期，此类型制的罐较为常见，但用兽头装饰系的做法实属罕见。

48.鹦鹉纹盒 北宋（960－1127年）

通高4厘米　口径12.6厘米　足径10厘米

　　章云龙藏。盒，子母口，折腹，圈足外撇；盖弧面，以三条弦纹圆分为二区，内区划鹦鹉衔枝纹，两鹦鹉展翅相对；外区划一周卷草纹带。通体施青釉，釉层均匀，光洁亮泽。构图对称、平衡，线条纤细流畅，形象生动逼真，给人以健康活泼，欢快向上之感。

49.鹦鹉纹盒 北宋（960－1127年）

通高8.1厘米 口径12.5厘米 足径10.7厘米

东方博物馆藏。盒，子母口，折腹，圈足外撇；盖弧面，上有三条弦纹圆，圆内刻划展翅飞翔的衔枝鹦鹉，外刻草叶纹。通体施青釉，釉层透明，匀润。鹦鹉纹是越窑青瓷中比较常见的纹饰，大多为对称的、首尾追逐的两只鹦鹉图案，而该件器物在盖面的中心部位，采用展翅的单鹦鹉布局，打破了以往对称的、平衡的图案设计原则，构图新颖，别致。 刻划技法，先用细线划出纹样，然后用斜刀刻出轮廓线。整个图案层次分明，主题突出，线条流畅、明快。

50.牡丹纹盒 北宋（960－1127年）

通高4.4厘米　口径12厘米　足径9.1厘米

　　1985年慈溪樟树砖瓦厂出土。慈溪市博物馆藏。造型偏圆，子母口，折腹，圈足外撇。通体施釉，釉色青黄，盖面微弧，刻划出浅浮雕的折枝牡丹纹，线条活泼流畅，刻划技巧娴熟。

　　牡丹花姿典雅，鲜艳富丽，清香宜人，被誉为"花中之王"、"国色天香"。唐代诗人刘禹锡的《赏牡丹》诗中道："庭前芍药妖无格，池上芙渠净少情。惟有牡丹真国色，花开时节动京城。"说明在唐代已把牡丹视作富贵的国花了。《菽园杂记》载："江南自钱氏以来，及宋元盛时，犹尚繁华，富贵之家，以楼前种树，接各色牡丹于其杪。花时登楼赏玩，近在栏槛间，名楼子牡丹。"宋代称"富贵花"，是幸福美好和繁荣昌盛的象征，在越瓷中是较常见的一种花纹。这种刻划兼施的装饰手法始于唐代中期，盛于北宋中期，晚期花纹趋于简单草率。

51.瓜形盒 北宋（960－1127年）

通高8.8厘米　口径7.5厘米　足径4.5厘米

　　东方博物馆藏。子母口，深腹，卧足。盒盖圆鼓，上刻二重覆莲瓣纹，顶部堆贴模印的莲叶状钮。通体施青黄釉。

　　北宋时期，越窑青瓷盒的造型十分丰富，其中，瓜形盒是一种比较常见的样式，有扁圆形、圆形、瓜棱形等，制作精细，造型优美，极具实用性和观赏性。

52.盏托 北宋（960－1127年）

高6.8厘米　盘口径12.2厘米　足径7厘米

　　浙江上虞市上浦镇出土。上虞博物馆藏。由托座、盘分别制作粘接而成。托座呈圆台形，面上戳印莲蓬纹，台四周刻二层覆莲瓣纹。盘敞口、宽沿，折腹，高圈足外撇。沿口六曲，面刻划水波纹；圈足足缘六曲，曲口至腹下压印直棱线，足缘有一周弦线。施青釉。造型端庄、精巧。

53.缠枝纹熏炉 北宋（960－1127年）
通高19.5厘米　口径19厘米　足径12.6厘米

　　1987年浙江黄岩市灵石寺塔出土。台州市黄岩区博物馆藏。器形呈球状。子母口，弧腹，圈足外卷。盖半球形，镂孔刻划缠枝花纹，口缘饰一周花草纹带。器身上部饰弦纹，下部刻三重莲瓣纹。通体施青釉。器身内壁有两行墨书题记："咸平元年茂（戊）戌十一月四日当寺僧绍光括入塔买舍供养童行奉询弟子姜彦从同舍利永光"。制作规整，造型精巧，是一件不可多得的越窑珍品。

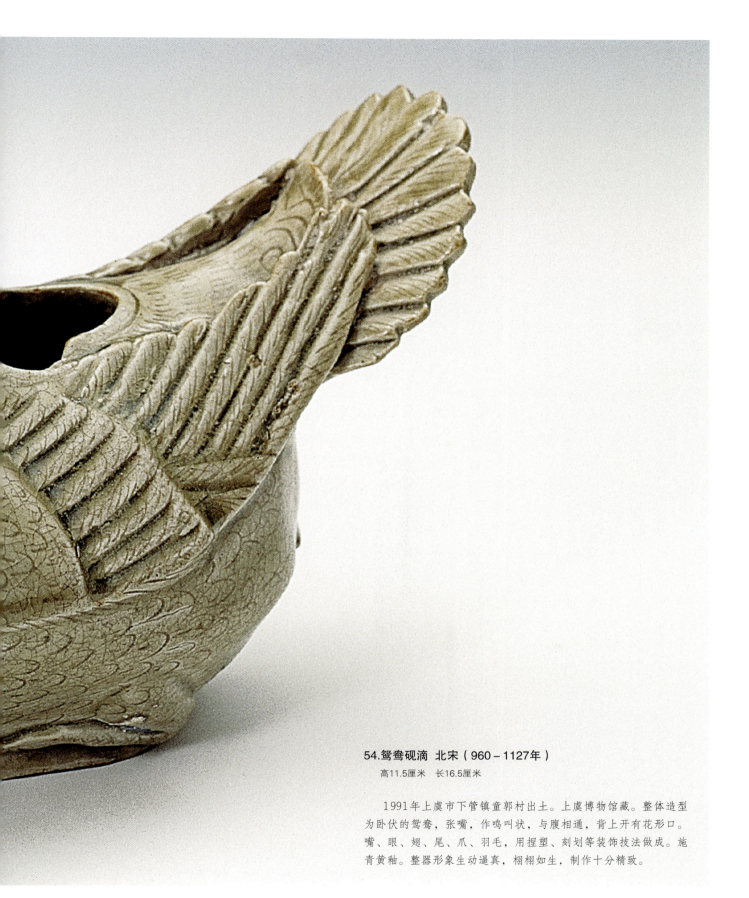

54.鸳鸯砚滴 北宋（960－1127年）
高11.5厘米 长16.5厘米

　　1991年上虞市下管镇童郭村出土。上虞博物馆藏。整体造型为卧伏的鸳鸯，张嘴，作鸣叫状，与腹相通，背上开有花形口。嘴、眼、翅、尾、爪、羽毛，用捏塑、刻划等装饰技法做成。施青黄釉。整器形象生动逼真，栩栩如生，制作十分精致。

55.三足蟾蜍砚滴 北宋（960－1127年）
　　蟾蜍：高6.2厘米　长10.4厘米　托盘：高1.5厘米　口径10.8厘米　足径3.5厘米

　　1983年慈溪彭东乡寺龙村出土。慈溪市博物馆藏。由蟾蜍和托盘组成。蟾蜍模制，上下黏合而成，腹空可盛水。昂首，嘴微开，双目圆睁，两眼至颈饰桃叶形纹饰，背隆起，中间有一注水圆孔，满布乳钉，似瘰疣，间饰卷带纹；前腹置两足，趾间有蹼，尾部下折，成曲蹲独足，作欲跃之势。托盘，敞口，浅腹，卧足。内壁划荷叶纹，线条纤细流畅，口两侧上卷，作荷叶状，釉色青绿，晶莹。制作精致、造型奇特，无疑是一件越窑精品。

　　蟾蜍又称"癞蛤蟆"，两栖动物。传说蟾蜍为月中之物，被喻为月的代称，月宫亦称蟾宫，科举应试中榜喻称"蟾宫折桂"。砚滴是文房用具之一，采用蟾蜍作砚滴，隐含"蟾宫折桂"的美好祝愿。整器取蟾蜍、荷叶之型，形象生动逼真，栩栩如生，形态丰满，线条柔和，极富有艺术效果和审美意境。

图书在版编目（CIP）数据

中国古代名窑. 越窑 / 任世龙，谢纯龙著. —— 南昌：
江西美术出版社，2016.5（2023.2重印）
ISBN 978-7-5480-4267-9
Ⅰ．①中… Ⅱ．①任… ②谢… Ⅲ．①越窑－瓷窑遗
址－介绍 Ⅳ．①K878.5
中国版本图书馆CIP数据核字(2016)第069413号

总 策 划：陈　政

主　　编：耿宝昌　涂　华

副 主 编：王莉英

编　　委：（以姓氏笔画为序）

王建中　王莉英　王健华　叶文程　朱金宇　任世龙　刘　杨　刘　浩

汤苏婴　孙新民　杜正贤　李一平　余家栋　张文江　张志忠　张浦生

陈　政　林忠淦　周少华　赵文斌　赵青云　耿宝昌　郭木森　涂　华

彭适凡　彭　涛　谢纯龙　赖金明　霍　华　穆　青

责任编辑　窦明月　陈　波

助理编辑　林　通

责任印制　吴文龙　张维波

书籍设计　梅家强　🅿先鋒設計　PIONEER DESIGN

电脑制作　江西华奥印务有限责任公司

中国古代名窑系列丛书
ZHONGGUO GUDAI MINGYAO XILIE CONGSHU

越　窑
YUEYAO

著者：任世龙　谢纯龙
出版：江西美术出版社
社址：南昌市子安路66号
邮编：330025
电话：0791-86565819
网址：www.jxfinearts.com
发行：全国新华书店
印刷：浙江海虹彩色印务有限公司
版次：2016年5月第1版
印次：2023年2月第3次印刷
开本：965×1270　1/16
印张：10.5
ISBN 978-7-5480-4267-9
定价：110.00元